U0627075

顺着历史学成语

学成语

蒙曼 著

国际文化出版公司
·北京·

图书在版编目（CIP）数据

顺着历史学成语 / 蒙曼著 . —— 北京 ：国际文化出
版公司，2024.3
ISBN 978-7-5125-1615-1

Ⅰ . ①顺… Ⅱ . ①蒙… Ⅲ . ①汉语 - 成语 - 通俗读物
Ⅳ . ① H136.31-49

中国国家版本馆 CIP 数据核字（2023）第 250501 号

顺着历史学成语

作　　者	蒙　曼
责任编辑	侯娟雅
责任校对	刘子涵
选题策划	潘　良　顾行军
策划编辑	康爱爽
出版发行	国际文化出版公司
经　　销	国文润华文化传媒（北京）有限责任公司
印　　刷	雅迪云印（天津）科技有限公司
开　　本	700 毫米 ×1000 毫米　　　16 开
	13.25 印张　　　　　　　129 千字
版　　次	2024 年 3 月第 1 版
	2024 年 3 月第 1 次印刷
书　　号	ISBN 978-7-5125-1615-1
定　　价	58.00 元

国际文化出版公司
北京市朝阳区东土城路乙 9 号　　邮编：100013
总编室：（010）64270995　　传真：（010）64270995
销售热线：（010）64271187
传真：（010）64271187-800
E-mail：icpc@95777.sina.net

目录

元明清

序言

　　我们在生活中，时时处处都会用到成语。比如拜年说"吉祥如意"，过生日说"寿比南山"，考大学祝"蟾宫折桂"，结婚祝"琴瑟好合"，说亲友家小孩是"龙驹凤雏"，夸人家的兄弟是"棠棣同馨"……这些都是成语。

　　成语为什么如此好用呢？因为它既现成，又凝练，还典雅。以"蟾宫折桂"为例，它最早出自《晋书·列传·文苑·郤诜》。讲的是晋武帝时候，有一个名叫郤诜（xì shēn）的大才子，此人一贯风流潇洒，不拘小节。他出任雍州刺史，晋武帝在偏殿给他送行时问他："你怎样评价自己呀？"郤诜说："臣举贤良对策，为天下第一，犹桂林之一枝，昆山之片玉。"意思是说，所谓贤良对策，是古代的一种人才选拔制度，形式就是皇帝提问题，被推举出来的"贤良"们回答。当年，郤诜参加过这样一次选拔，还取得了第一名的好成绩，这可是他一辈子骄傲的资本，所以，当皇帝问他的时候，他才会把这件事单提出来，而且还补了一句："我既然有这么高的水平，那自然就像是桂树林里的一根桂枝，又像是昆仑山上的一块美玉。"大家可以想一想，这种意气风发，甚至有点儿不可一世的姿态，是不是像极了孟郊《登科后》里所说的"春风得意马蹄疾，一日看尽长安花"？这就是所谓的少年意气，这种少年意气与考试相关。

而到了唐朝，在科举考试盛行之后，人们就开始用"折桂"来比喻考中进士了。比如大诗人白居易先中进士，后来，他的堂弟白敏中也考中进士，而且还一举夺得第三名，白居易就写诗祝贺他说："桂折一枝先许我，杨穿三叶尽惊人。"诗中的"桂折"就是指"折桂"，在这里，折桂就是高中进士的代称，问题是，桂树遍地都有，哪里的桂树才配得上才子呢？那自然只能是传说中，种在月亮上的桂树了。在古代人的神奇幻想里，月亮上除了有桂树，还有一只巨大的青蟾，掌管着月宫的运行，所以月宫又称蟾宫，这样一来，原本单纯的折桂不就又演化成"蟾宫折桂"了吗！

《红楼梦》第九回，宝玉到家塾念书，黛玉取笑他说："好，这一去，可定是要'蟾宫折桂'去了，我不能送你了。"在这里，"蟾宫折桂"可不是金榜题名、青云得路的祝福，而是一种微微的揶揄——你不是不喜欢仕途经济吗？如今也未能免俗呀！想想看，风流潇洒的邶诜尚且以蟾宫折桂为傲，可是，黛玉比他还风流潇洒，她说："你去蟾宫折桂吗？恕我不能奉陪了！"

从这个故事里，大家都能看出些什么呢？

首先看到的，当然是成语现成、凝练而又典雅的特性——如此漫长的历史，如许人物的参与，才能最终凝练成"蟾宫折桂"这样一个成语，出现在我们的语言里，进入到我们的生活中。我们如今使用它的时候，怎么会不感慨中国语言不断淬炼、不断提纯的伟大力量呢？一个个成语，就是一代代祖先留给我们的美丽馈赠。

另外，从成语中，我们也能看到历史演进的步伐！当年，郄诜生活的西晋还是察举制的时代，那时候，就算是一个才子，也得先被官府推荐，取得察举的资格，才能在皇帝面前对策。所以，郄诜虽然自诩为"桂林之一枝"，那也不过是贵族小圈子里的佼佼者。后来，历史发展到唐朝，察举制变成了科举制。任何一位男性，只要有足够的才华和知识储备，就可以自由报考，根本不需要任何人推荐，这不就是巨大的社会进步吗？所以古人才写诗说："朝为田舍郎，暮登天子堂。将相本无种，男儿当自强。"中国是全世界范围内流动性最强的古代社会，有这种骄人的成绩，科举制功不可没。可是再到后来，科举制变得越来越僵化，考试只考"四书"，也就是《大学》《中庸》《论语》《孟子》，答案也必须以朱熹的《四书集注》为标准，丝毫不允许考生自己发挥，这不就成了死读书、读死书了吗？学习和理想无关，和兴趣无关，和对真善美的渴求无关，贾宝玉和林黛玉不喜欢这样的读书方式，也不喜欢这样的考试方式，更不喜欢这样的社会评价体系，所以，他们干脆对蟾宫折桂弃之如敝屣。这背后反映出来的，不就是中国古代历史的变迁吗！

正因为成语是在历史中产生的，不同时代的成语也反映着不同时代的历史风貌，这本书才会叫作《顺着历史学成语》，我希望您在阅读的过程中，读到的不仅是一个又一个出现在课本中，让我们耳熟能详的成语，还有成语背后那既连续不断，又"苟日新，日日新，又日新"的中国历史。当然，这句出自《礼记·大学》的名言后来也演化为了一个成语，叫"日新月异"。致敬我们薪火相传的文化，也致敬我们日新月异的生活！

蒙曼

先秦

名山大川，高山流水

　　我们这本书的名字叫作《顺着历史学成语》。所谓成语，就是众人都这么说的、约定俗成的固定用语。成语一般是四个字，但是也有三个字、五个字，乃至更多字数的，比如"智者千虑必有一失，愚者千虑必有一得"，一共十六个字，也是成语。那么，为什么要顺着历史来学习成语呢？因为成语是在历史发展过程中逐渐形成的，每个成语背后都有典故，都有出处。通过了解这些典故和出处，我们不仅能理解成语本身的含义，还能了解它背后的那个时代。

　　我们这本书，按照历史顺序分成先秦、秦汉、魏晋、唐宋和元明清五个部分。第一部分中，我们将从春秋战国时期的成语开始说起。这就不得不提一下祖先们的生活环境。

我们的祖先生活的这片土地是什么样子的呢？有一个成语可以概括，那就是名山大川。"山"和"川"都是象形字，所谓"川"就是河流。"名山大川"就是指有名的大山和大河。比如我们可以说：我立志读遍经史子集，踏遍名山大川，这就叫"读万卷书，行万里路"。

这个成语出自一本非常重要的儒家典籍《尚书》。所谓"尚书"就是上古之书，其实是上古时代的王室档案汇编。可想而知，它记载的内容有多重要。"名山大川"这个成语，记载在《尚书·武成》篇，讲的是周武王伐纣的事情。武王伐纣成功之后，大会诸侯，跟他们讲自己伐纣的前因后果，其中就有这么一句话："底商之罪，告于皇天后土，所过名山大川。"什么意思呢？我把商朝的罪过报告给天和地，也报告给我所经过的大山大河。可能有人会好奇，商纣王的罪过，你说给老百姓听、说给那些参加战争的诸侯听也就罢了，为什么还要报告给皇天后土、名山大川呢？这是因为古代人认为万物有灵啊！"皇天后土"是对天和地的敬称，意思就是尊贵的高天大地，而"名山大川"则是对山川的美称，是高大的山和源远流长的河。古人认为天地山川都有灵性，所以，有重大的举动，都要向它们汇报，取得它们的理解和支持。

中国到底有哪些名山大川呢？

先说名山。我们中国人讲名山，有一个成语，叫三山五岳。"五岳"是哪五岳呢？东岳泰山（山东），西岳华山（陕西），北岳恒山

（山西），南岳衡山（湖南），中岳嵩山（河南）。"三山"是哪三山？这就有不同的说法了。有人认为，三山是指中国的三条"龙脉"，也就是喜马拉雅山脉、昆仑山脉和天山山脉；还有人认为，三山是指海上的三座仙山，分别是蓬莱、方丈和瀛洲。当然，也有人把现在的旅游胜地黄山、庐山和雁荡山叫作三山。在三山五岳之中，又以泰山最为出名。古代皇帝都到泰山去封禅，也就是祭祀天地。关于泰山的成语也特别多。比如形容压力特别大，叫什么？不叫"压力山大"，而叫泰山压顶；说压力大也不怕，叫泰山压顶不弯腰；说大家一起努力，叫人心齐，泰山移；说一个人见识浅，认不出本领大的人，叫有眼不识泰山；说一个人德高望重，叫泰山北斗。这样看来，从海拔的角度说，珠穆朗玛峰是世界第一高峰，但是，从文化的角度来说，泰山才是天下第一山。

再看大川。如果说古代最重要的山是泰山，那最重要的河一定是黄河。黄河流域是中国文明最重要的发源地，夏、商、周三代都在黄河流域建立政权，所以，古代人干脆管黄河就叫"河"。今天的人呢？管黄河叫母亲河。有关黄河的成语也特别多，比如我们说不达目的誓不罢休，叫不到黄河心不死；说人受冤枉，叫跳进黄河洗不清；说天下太平叫河清海晏；说地势险要，有山河做屏障，叫表里山河。这些成语里的河都是指黄河。

除了黄河之外，其次重要的大河就是长江。而且，越到后期，长江的地位越重要。有关长江的成语也不少，比如大江东去，那是比喻历史向前发展；长江后浪推前浪，那是比喻一代新人换旧人。

另外，中国古代有时候会分裂成南北两半，在这种情况下，长江就成为天险，所以，有个成语叫天堑长江。

可能有人会问，你说了这么多山、这么多水，我们还有一个非常熟悉的成语叫高山流水。高山大多都是名山，流水也可以成为大川，那么，"高山流水"和"名山大川"是不是一个意思呢？完全不是。"高山流水"是借助山水讲一对知己的故事，出自另一部先秦典籍《列子·汤问》："伯牙鼓琴，志在登高山，钟子期曰：'善哉，峨峨兮若泰山！'志在流水，钟子期曰：'善哉，洋洋兮若江河！'"什么意思呢？伯牙擅长弹琴，他弹琴的时候想到了巍峨耸立的高山，有一个叫钟子期的人听了，就说："你弹得真好啊，就像那巍巍的泰山！"过了一会儿，伯牙脑海中又出现了浩浩荡荡的流水，钟子期一听，又说："你弹得真好啊，就像那奔腾不息的江河！"想想看，伯牙多么擅长弹琴啊！心里想什么，手里就能弹出什么，这才叫得心应手。而钟子期呢？他又是多么擅长听琴啊！伯牙什么都没说，钟子期就已经通过琴声读懂了他的内心世界。这两个人一个善弹，一个善听，彼此不需要过多解释，就已经心心相印了。这叫什么？可能有人会说，叫肚子里的蛔虫。这个说法固然也不错，但是，它毕竟不美呀！我们的古人是讲究语言审美的，他们管这叫"高山流水"。所以，"高山流水"就用来比喻知己，也用来比喻音乐精妙。我们可以说：高山流水，知音难寻，谁能理解我的心情呢？也可以说：这位钢琴家的演奏有如高山流水，美妙动听。说到这里大家明白没有？虽说都是讲山水，但是，"名山大川"讲的是物质世界的高山大河，"高山流水"讲的是精神世界的知音情怀、音乐之美等。

最后来总结一下，在先秦时期，我们祖先生活的环境究竟是怎样的呢？我们祖先生活的土地上既有名山大川作为天然屏障，用来躲避风险，也有一马平川，适宜种植庄稼，养育生灵。就在这样的山水之间，我们中国人成长起来，用自己的脚步丈量着祖国的山山水水，努力开拓与耕耘。

先秦时期，我国出现了第一篇地理学著作《尚书·禹贡》，其中记载了大禹划分九州的事迹。它的开篇就说："禹敷土，随山刊木，奠高山大川。"意思是说，大禹划分土地的疆界，行走在高山之间，砍削树木作为路标，用高山大河来奠定界域。我们今天有那么多名山大川，有约九百六十万平方公里的土地，一定别忘了祖先的辛苦，别忘了大禹的功劳。

温故而知新

1. 关于泰山的成语有哪些呢?

2. 关于黄河的成语有哪些呢?

3. 关于长江的成语有哪些呢?

愚公移山，精卫填海

　　大家知道，春秋战国时期离现在已经很远了。那个时候，我们的祖先知识积累还不够丰富，看什么都懵懵懂懂。但是，也正因为如此，他们的想象力特别丰富。许多神话传说都诞生在那个时期，而且其中一些神话传说还演变成了成语。在这一篇，我想和大家分享两个从神话传说演变而来的成语："愚公移山"和"精卫填海"。这两个成语特别能代表我们祖先的想象力，也特别能反映我们中华民族的精神。

　　愚公移山出自先秦的道家典籍《列子·汤问》。在古代，河北南边、河南北边有两座大山，一座叫太行山，另一座叫王屋山，两座山方圆七百里，高达万仞。有个老人家，人称愚公，年纪将近九十岁了，就对着山居住在山脚下。两座大山挡住了愚公一家出入

的道路，生活非常不方便。怎么办呢？老人就跟家里人说："我想带着你们一起把山挖平，这样，咱们就可以顺顺利利地一直走到黄河南边，甚至走到汉水流域，好不好？"大家都表示赞同。可是，他的妻子却担心地说："你这么大岁数，怎么可能挖动太行、王屋这样的大山呢？再说了，就算你们能把山挖平，挖出来的土石往哪儿放呀？"大家七嘴八舌地说："扔到渤海边上不就行了吗？"说干就干，第二天，愚公就领着三个儿孙上山了，有的挖土，有的抬石，连邻居家七八岁的小孩子都来帮忙。光是往渤海运一次就要花费半年的时间。

看着愚公这么忙忙碌碌，有个叫智叟的老人来说风凉话了。他说："怪不得大家叫你愚公，你还真是笨。你也不想想，你这么大年纪，连山上的一棵草都拔不动，怎么可能搬走两座大山呢？"愚公反驳说："你还号称智叟呢，其实比我笨多了。我自然活不了多久，可是，我死了还有儿子，儿子死了还有孙子，子子孙孙无穷无尽，而山却不会再增高，我挖一点儿它就少一点儿，怎么可能挖不平呢？"愚公就这样不停地挖呀挖呀，握着蛇的山神怕他不停地挖下去，向天帝报告了。最后，连天帝都被他感动了，派了两个神仙把山搬走了。这就是"愚公移山"的故事，比喻坚持不懈。比如我们可以说：工作多不要紧，咱们愚公移山，总能把它做完。

精卫填海出自先秦典籍《山海经·北山经》。《山海经》分成《山经》和《海经》两大部分，按照方位记载了山山水水，可以说是一本地理学著作。但是，它的想象力非常丰富，记载了许多神奇怪异的事情，所以，也有人说它是一本志怪类的书。"精卫填海"就是一个非常神奇的故事。

据说，在北方有一座山，名叫发鸠（jiū）山。山上长着许多柘（zhè）树。树上栖息着一种小鸟，外形有点儿像乌鸦，却又长着花脑袋、白嘴壳、红爪子，整天发出"精卫""精卫"的叫声，所以，人们叫它精卫鸟。

这只鸟儿是怎么来的呢？原来，炎帝有一个小女儿名叫女娃。女娃到东海玩儿，不幸溺死在海里。女娃恨透了东海，就化成了精卫鸟，每天衔着西山的树枝和石子扔到东海里，誓要把东海填平。那她到底填平没有呢？《山海经》并没有告诉我们结果，不过，现在东海看起来还是波涛汹涌，想来，精卫还在继续努力吧。这就是"精卫填海"的故事，比喻意志坚定，不怕艰难。我们可以说：明知这项任务非常难以完成，他还是那么努力，真是精卫填海，志气感人。

我们祖先的想象力确实非常丰富。他们没有飞机，没有高铁，大部分人一辈子的活动范围就在方圆十里以内，但是，他们却想象出了倔强的愚公、不屈的精卫，想象出了大山大海都由人类来改造的神奇场景，想象出了一个比现实世界更神奇的神话世界。而且，他们不仅想象力丰富，他们的精神力量也十分强大。这两个成语的主人公，一个是近九十岁的老爷爷，一个是化身为小小鸟的小女孩。在整个人类社会中，他们都算是最软弱、最没有力量的吧？而他们面对的，却又是最强大的困难。如此渺小的人面对如此强大的自然，怎么办呢？他们并没有听天由命。恰恰相反，他们就是不服气，就是不认输，一个非要把大山搬走，一个非要把大海填平。这是何等了不起的志气呀！他们不仅有志气，还有最执着的实干精神。愚公愿意一锹一锹地铲土，精卫愿意一根一根地叼小木棍，他们不怕自己能力小，他们相信持之以恒的力量。而且，他们不是一个人在奋斗。愚公说："子又有子，子又有孙；子子孙孙无穷匮也。"一代接着一代干，还有什么干不成的事呢？这不就是我们今天常说的接力式的奋斗吗？

其实，在远古的时候，人类还非常弱小，自然显得特别强大。我们的祖先当年能够存活下来，而且越来越强大，靠的就是这种与大自然顽强斗争的精神。除了"愚公移山"和"精卫填海"，我们还有好多成语都讲这种精神。比如女娲补天：有一个叫共工的人把天撞塌了，女娲就炼制了五色石，把天一点点地补起来。再比如后羿射日：天上出现了十个太阳，把大地都烤焦了，后羿就射下了九个太阳，只留一个照耀大地，让人们过上正常的生活。

"精卫填海""愚公移山""女娲补天""后羿射日"，这些成语的句式都是以一个人名开头，接着一个动词，然后是一个自然事物。这种组合方式突显了人对自然的征服。人为什么能征服自然呢？不是因为哪一个人有多大的能耐，而是因为人类有不屈不挠、前赴后继的精神。这种精神如果用一个成语来形容，那就是人定胜天。意思是说，人的智慧和力量可以战胜自然、战胜命运。正是依靠人定胜天的信念，我们的祖先克服了一个又一个困难，不仅开拓出了约九百六十万平方公里的土地，还开创出五千年绵绵不绝的中华文明。

温故而知新

1. "愚公移山"和"精卫填海"分别讲了怎样的故事?

2. "愚公移山""精卫填海""女娲补天""后羿射日"四个成语表达了一种什么精神?

空空如也，揠苗助长，锲而不舍

　　前面两篇跟大家介绍了春秋战国时期的地理世界和想象世界。从这一篇开始，跟大家分享春秋战国时期的思想世界。

　　春秋时期，是中国古代思想大爆发的时代，诸子百家都在这时候闪亮登场。诸子指的是孔子、墨子、老子、庄子、孟子、荀子等思想大师，而百家则是指儒家、墨家、道家、法家等思想流派。诸子百家妙语连珠，创造出了大量成语。在诸子百家之中，对后世影响最大的是儒家学说，儒家经典里有很多成语。在诸子百家之中，儒家也是最重视教育的，有三个代表人物：孔子、孟子和荀子，都是伟大的教育家。所以，我就先和大家分享三个出自儒家经典的、与教育相关的成语，它们分别出自孔子、孟子和荀子，分别是"空

空如也""揠苗助长"和"锲而不舍"。

先看第一个成语，空空如也。空空如也是指空空荡荡，什么都没有。它可以是中性词，比如我们可以说：等到鹅再来吃饭的时候，饭罐已经空空如也。但它也可以用作贬义词，比如说：这个人长得很神气，可惜肚子里空空如也。这个成语出自儒家经典《论语·子罕》，是孔子说的话。子曰："吾有知乎哉？无知也。有鄙夫问于我，空空如也。我叩其两端而竭焉。"什么意思呢？孔子说："我有知识吗？我没有啊。有个乡下人问我一件事情，我空空如也，什么都不知道。但是，我会从事情的正反两个方面反复问他，最后就会解决问题。"这不就是我们现在倡导的启发式教学吗？老师不一定什么都知道，即使知道，也不一定非要第一时间说出来。当学生有疑问的时候，最好的老师往往不是立刻给出答案，而是引导学生从不同角度反复思考，最后让他们自己得出结论。这种教育方法，在孔子这里叫"启发"，在古希腊的哲学家苏格拉底那里叫作"精神助产术"。能这么做的老师，绝不是什么都不懂，相反，这是有大智慧。

再来看第二个成语，揠苗助长。揠就是拔，揠苗助长就是把苗拔起来，帮助其成长。比喻违背事物的发展规律，急于求成，最后事与愿违。这个成语出自儒家经典《孟子·公孙丑上》，原文是这样说的："宋人有闵其苗之不长而揠之者，芒芒然归，谓其人曰：'今日病矣，予助苗长矣。'其子趋而往视之，苗则槁矣。"宋国有一个人，担心他的禾苗不长高，就去拔它，拔完之后，筋疲力尽回到家，对家人说，我今天累坏了，我帮助禾苗长高了一大截。他儿子赶紧一路小跑着去看，结果发现禾苗都枯萎了。这个故事非常有趣，还被收进了小学二年级的语文课本里。孟子为什么要给公孙丑讲这个故事呢？其实他真正想说的并不是禾苗，而是他内心的浩然之气。孟子对公孙丑说："我善养吾浩然之气。"我善于培养我的浩然之气。为了解释这一点，孟子就给他讲了揠苗助长的故事。孟子通过这个故事告诉人们，培养内心的正气和种庄稼是一样的，需要恒心和耐心，如果急于求成，那就是揠苗助长，非但没有好处，反倒会害了它。孟子所说的培养浩然之气和教育的理念是相通的。因此，"揠苗助长"可以作为贬义词，用来形容很多"鸡娃"的家长过于急躁，违反教育规律的行为。比如我们可以说：让三岁的孩子背那么长的英文，纯粹是揠苗助长，日后未必有好的效果。

再看第三个成语，**锲而不舍**。锲而不舍的"锲"字是"金"字旁，意思是用刀去刻。锲而不舍就是不停地用刀刻。比喻坚持不懈，有恒心，有毅力。它出自春秋战国时期儒家学者荀子的著作《荀子·劝学》："锲而舍之，朽木不折；锲而不舍，金石可镂。"如果拿刀子刻几下就放弃，那么连一根朽木也不能刻断；如果坚持不懈地刻下去，即便是金属和石头也能雕出花样。荀子为什么要说这些呢？其实他不是在讲雕刻，而是在讲学习，讲人生修养的道理。他说："积土成山，风雨兴焉；积水成渊，蛟龙生焉；积善成德，而神明自得，圣心备焉。故不积跬步，无以至千里；不积小流，无以成江海。骐骥一跃，不能十步；驽马十驾，功在不舍。锲而舍之，朽木不折；锲而不舍，金石可镂。"什么意思呢？堆积土石成了高山，风雨就从这里兴起了；汇积水流成为深渊，蛟龙就从这里产生了；积累善行养成高尚的品德，精神就得到升华，也就具备了圣人的思想。所以不积累一步半步的行程，就没有办法达到千里之远；不积累细小的流水，就没有办法汇成江河大海。千里马跨跃一次，不会超过十步远；劣马拉车走十天，也能走得很远。如果刻几下就停下来，那么腐烂的木头也刻不断，但只要不停地刻下去，那么金石也能雕成花样。荀子的这篇文章叫《劝学》，想想看，学习可不就是这个道理吗？再聪明的孩子，如果只知道耍小聪明，三天打鱼两天晒网，也难成大器；相反，普普通通的孩子，只要锲而不舍，总会有进步。所以，这个成语是个不折不扣的褒义词，最适合用来激励孩子们学习成长。

"空空如也""揠苗助长"和"锲而不舍"这三个成语分别来自春秋战国时期三位儒家大师孔子、孟子和荀子。这三位大师都是教育家，他们讲的话合在一起，就是好教育的规律。老师们在学问上不能空空如也，但在心态上要善于空空如也；家长们千万不要揠苗助长，而孩子们则一定要锲而不舍，这样才能形成进步的合力。

温故而知新

1. "空空如也""揠苗助长"和"锲而不舍"三个成语分别出自春秋战国时期哪三位儒家学者?

2. 这三个成语的情感色彩分别是什么呢?

鸡犬相闻，从容不迫，邯郸学步

在先秦时期的思想中，后世影响力第一大的是儒家，第二大的是道家。春秋战国时期，道家出了两位大人物，一位是老子，另一位是庄子。老子讲"无为"，庄子讲"逍遥"。这一篇，用三个成语跟大家讲"无为"和"逍遥"，分别是"鸡犬相闻""从容不迫"和"邯郸学步"。

先说一个出自老子的成语：鸡犬相闻。所谓"鸡犬相闻"，就是鸡鸣和狗叫的声音彼此都听得到。现在一般用来形容人烟稠密，比如我们可以说：从我家走到姥姥家，一路上鸡犬相闻、车水马龙。但是，它最早的意思可不是指人烟稠密，而是指人与人之间住得近，鸡鸣狗叫的声音都听得见。

"鸡犬相闻"这个成语出自老子《道德经》第八十章："鸡犬之声相闻，民至老死不相往来。"什么意思呢？诸侯国与诸侯国之间，鸡鸣狗叫的声音彼此都听得见，但是，老百姓之间从生到死，都不互相往来。老子说的鸡犬相闻，重点落在两个国家虽然离得很近但是彼此永远不交往这种状态上，这和我们今天用"鸡犬相闻"表示热闹完全不是一回事。老子为什么如此消极呢？因为当时诸侯国之间的战争太残酷了。老子觉得，与其这样打来打去，还不如大家都回到原始状态，每个国家都是小国寡民，自给自足，大家都没什么追求，彼此之间也不来往，这才是理想社会；君王也罢、老百姓也罢，大家都不折腾，这不就是"无为"吗？

当年，老子用"鸡犬相闻，民至老死不相往来"来表现"小国寡民，无为而治"的理想。可是后来呢？时代变了，人们不再追求小国寡民的封闭状态了，慢慢地也就不再把"鸡犬相闻"和"老死不相往来"联系在一起了，而是单纯用"鸡犬相闻"来表示一种有鸡有狗、人烟阜盛、和平富足的生活场景。比如陶渊明的《桃花源记》就说："阡陌交通，鸡犬相闻。……黄发垂髫，并怡然自乐。"虽然桃花源也是一个与世隔绝的世界，但是，"鸡犬相闻"已经不表示不互相往来了，而是表示老百姓生活得很快乐。我们现在用的，就是这种变化了的意思，表示人烟稠密，社会和平。

再说两个和庄子有关的成语，"从容不迫"和"邯郸学步"。

先看从容不迫。所谓"迫"就是急，从容不迫就是不急不躁，不慌不忙。小学语文课本中用它来形容鹅的神态，说"倘若水盆放在远处，它一定从容不迫地大踏步走上前去，饮一口水，再大踏步走去吃泥、吃草"。当然，这个成语还可以用来形容人，比如我们可以说：这个人真有涵养，无论遇到什么事，总是那么从容不迫。这个成语出自《庄子·秋水》。庄子曰："鲦（tiáo）鱼出游从容，是鱼之乐也。"什么意思呢？庄子说："鲦鱼游得从从容容，悠然自得，这是鱼的快乐啊。"这个成语背后还有一个著名的小故事。

当年，庄子可不是一个人去看鱼，而是跟好朋友惠施一起去的。虽然庄子和惠施是好朋友，但是他俩经常斗嘴斗智。庄子不是说鱼儿从容不迫，很快乐吗？惠施一听，就抬杠说："子非鱼，安知鱼之乐？"你不是鱼，怎么知道鱼是不是快乐呢？庄子又反问惠施道："子非我，安知我不知鱼之乐？"你又不是我，你怎么知道我不知道鱼的快乐？这可是中国古代一次著名的嘴仗。庄子为什么认为鱼儿是快乐的呢？因为他觉得，顺应天性就是快乐。鱼儿的天性就是游来游去，现在它就在水里游来游去，怎么会不快乐呢？庄子不是一直主张逍遥吗？顺应天性就是逍遥。

再看邯郸学步。这个成语也出自《庄子·秋水》。在战国时代，有一个实力很强的国家叫赵国，它的都城邯郸是个大都会，也是个引领风潮的时尚之都。赵国北边的国家是燕国，燕国实力不如赵国，对赵国百般羡慕。其中，有一个来自燕国寿陵的少年，觉得邯郸人走路的姿势特别好看，就特地去邯郸学走路。可是，也许是赵国人的走路姿势太风度翩翩，他并没有学会，反倒是把自己原来的走路姿势也忘掉了，最后只好爬着回去。

这个故事就演化成成语"邯郸学步"，用来比喻一味地模仿别人，不仅没学到本事，反而把原来的本事也丢了。有一个成语叫东施效颦，跟它很相似，也用来比喻一味地模仿别人，不但模仿不好，反倒会出丑。比如我们可以说：普通人的身材没那么好，如果一味地去学模特穿衣服，那么只能是邯郸学步，越打扮越不好看。同样，这句话也可以换成：普通人身材没那么好，如果一味地模仿模特穿衣服，只能是东施效颦，越打扮越不好看。

庄子为什么要讲"邯郸学步"的故事呢？其实他是说给一个叫公孙龙的人听的。公孙龙也是一位哲学家，学问好，口才更是了得，几乎无人能敌。可是，面对庄子的时候，他就感到不自信。公孙龙曾试图学习庄子，这时候，庄子就借别人之口，向他讲了"邯郸学步"的故事，告诉他，他与庄子不是一个级别的，如果一味模仿庄子，只能越学越差，还不如保持自己原来的样子呢。庄子公然说别人永远学不到他的层次，是不是很狂妄？确实很狂，但实际上，他强调的还是顺其本性的道理，只有顺应本性，才能不迷失自我。

庄子崇尚逍遥。所谓逍遥就是万物要顺应本性，顺应自然，进而得到真正的自由。这种自由就叫逍遥，也是庄子追求的最高境界。

"鸡犬相闻""从容不迫"和"邯郸学步"这三个成语，看似毫不相干，其实都在阐述道家的理念。只不过在历史的演进中，它们的原始含义逐渐淡化，被赋予了新的含义。现在，"鸡犬相闻"表示热闹，"从容不迫"表示淡定，而"邯郸学步"则用来形容盲目模仿，已经看不出什么道家的思想了。

温故而知新

1. "鸡犬相闻"的古今意思有什么不同？为什么会发生这样的变化呢？

2. "从容不迫"和"邯郸学步"讲了怎样的故事？

自相矛盾，滥竽充数

论先秦时期诸子百家的思想影响力，排第一位的是儒家，排第二位的是道家，排第三位的是法家。但是，如果单说政治思想，恐怕法家的名次还要提前，差不多和儒家并列第一名。儒家讲究仁爱，法家讲究法治。"法治"是怎么回事呢？跟大家分享两个成语，一个是"自相矛盾"，另一个是"滥竽充数"，都出自战国时期最著名的法家思想代表人物韩非子。

先看自相矛盾。矛是刺杀敌人的武器，盾是保护自己的装备，"自相矛盾"比喻行事或言语先后不相应、互相抵触。这个成语出自《韩非子·难一》。有个楚国人既卖长矛又卖盾牌。他先夸耀自己的盾很坚硬，说："无论用什么东西都无法刺穿它！"然后，他

又夸耀自己的矛很锐利，说："无论什么东西都能被它刺穿！"听他这么一吆喝，市场上的人就质问他："如果用你的矛去刺你的盾，结果会怎样呢？"那个楚国人一下子就答不上来了。很明显，无法被刺穿的盾牌和能刺穿一切的长矛，是不可能共同存在的，这就是"自相矛盾"的来历。后世就用这个成语来表示说话做事前后抵触，不能自圆其说。比如我们可以说：你刚刚说自己早睡早起，现在又说自己喜欢夜间工作，这不是自相矛盾吗？

可能有人会问："自相矛盾"是指说话做事前后抵触，这跟"法治"有什么关系呢？要知道，韩非子讲这个故事可不是讲着玩儿的，他针对的是当时的儒家学者。儒家学者说，治理天下要靠教化百姓，尧、舜、禹都是伟大的圣王，他们也都擅长教化百姓。当年，历山脚下的农民互相侵占别人家的田界，大舜到那里种田，一年之后，农民就都不争田界了。黄河边的渔民彼此争夺水边的高地，大舜到那里打鱼，一年之后，渔民也不争了。东夷的陶工做陶器总是粗制滥造，舜也到那里制陶，一年之后，陶工们就不再偷工减料了。孔子因此还夸赞大舜说：榜样的力量真是无穷大呀！圣人治国，不就应该用道德教化天下吗？这个道理听起来不错吧？可是，韩非子却有疑问了：大舜到处做榜样的时候，尧在干什么？儒家学者说："尧在当天子呀！"韩非子马上反问道："你们不是说尧、舜都是圣王吗？如果尧是圣王，他当时就已经教化天下了，那历山的农民就不应该争田产，黄河边的渔夫不该争高地，东夷的陶工也不该偷工减料啊！你们如果相信舜去这些地方教化百姓，那就证明尧不是圣王；如果相信尧是圣王，那就证明舜做的这些事是假的。"然后，韩非子就讲了"自相矛盾"的故事。他其实是想说，儒家学说本来就自相矛盾，所以，不如依靠法家，实行法治。只要颁布法律并告诉天下百姓，侵夺别人田产和偷工减料都是犯罪，会受到惩罚，人们马上就会服从法律，这不是比教化更可靠，也更省力吗？

再看滥竽充数。"竽"是"竹"字头，是用竹子制作的一种吹奏乐器，类似于现在的笙。"滥竽充数"背后也有一个小故事，记载在《韩非子·内储说上》。齐国的国君齐宣王是一位音乐爱好者，喜欢听吹竽，每次都要让三百人合奏。有一个南郭处士本来不会吹竽，听说了齐宣王的这个爱好，就自告奋勇，也要到乐队里去吹竽。齐宣王很高兴，就把他编入了乐队之中，好吃好喝地招待他。过了一段时间，齐宣王去世，齐湣（mǐn）王继位，他也喜欢听吹竽，但是他喜欢听独奏，让乐工们一个一个地到他面前吹。南郭先生一看这架势，赶紧逃走了。

这个故事后来就演化成一个成语，叫"滥竽充数"。比喻没有真才实学的人混在行家里面充数，或者以次充好，有点类似于鱼目混珠，是个贬义词。比如我们可以说：这个人本来没读过几本书，也混在学者堆里瞎起哄，这不是滥竽充数吗？也可以说：这个人没读过几本书，也混在学者之中瞎起哄，真是鱼目混珠。但是，"滥竽充数"有时候也可以用作谦辞，比如，你评上了优秀员工，有人夸你有本领，你就可以自谦地说："我没那么优秀，只不过是滥竽充数罢了。"当然,"滥竽充数"作谦辞使用,只能针对自己,如果针对别人,那就是贬义词了。

韩非子为什么要讲这个故事呢?其实还是在讲法治。当时儒家认为,君主一定要仁慈,"君使臣以礼,臣事君以忠",这才是最好的君臣关系。可是韩非子认为,君主是否仁慈不重要,重要的是,君主必须法度森严、明察善断,只有这样,才能威慑臣下,让他们不敢为非作歹,也不敢滥竽充数。

韩非子这些主张好不好呢?既有好处也有坏处。它的好处是什么呢?是能建立有效的社会制度,使每个人都能按照规章制度行事,各尽其责,这样有利于管理。战国的时候,秦国就是因为推行法家思想,富国强兵,最后才能打败其他国家,统一全国。那它不好的地方在哪里?在于它不把人当作人看待,而是将人视为机器。同时,它过于强调管理而忽视了教育的作用,这样一来,老百姓就成了君主手里的棋子。这样的主张未免失去了做人的同情心和做事的余地。

例如秦朝第二个皇帝秦二世的时候,陈胜和吴广带着一小队人马到渔阳去戍边,可是,刚刚走到安徽大泽乡就下起大雨来。路断了,耽误了行程,肯定不能按时赶到渔阳了。按照秦朝的法律,不管有什么特殊原因,只要不能按时到达指定位置,就得被处死。陈胜和吴广觉得,反正我们去了渔阳也得死,还不如就地起义呢!于是,他们揭竿而起。由于天下人都觉得秦朝太残暴,因此纷纷加入了起义的行列。结果呢?强大的秦朝忽喇喇如大厦倾,只传了两代皇帝，成为中国历史上最短命的统一王朝之一。

　　后来到了汉朝，统治者吸取了正反两方面的教训，调整了统治政策，儒、法并用，既讲人情又讲法度，既重教化也重管理。这种相互取长补短的策略，使得汉朝得以强大而稳定地发展。

温故而知新

1. "自相矛盾""滥竽充数"背后的小故事分别是什么?

2. "滥竽充数"在什么情况下用是贬义词,什么情况下用
   是谦辞呢?

画蛇添足

　　春秋战国时期有两大特点，一个是思想大爆发，另一个是诸侯大兼并。有关思想大爆发的成语，我们已经讲了三次，分别代表了儒家、道家和法家。有关诸侯大兼并，又用哪些成语来代表呢？我觉得，关于纵横家的成语最具时代特色。所谓纵横家，指的是一群穿梭于各个诸侯国之间的谋士，按照现在的说法，他们是国际政治家兼外交家。纵横家虽然也是诸子百家之一，但是并不像儒家、道家那样有固定的主张。他们朝秦暮楚，反复无常，所说所做的一切完全取决于当时的政治需要。纵横家们虽然巧舌如簧，但理论水平却不高，没有留下自己的著作。不过，汉朝的时候，有一位名叫刘向的儒生编订了一部名为《战国策》的著作，记载了战国时期纵横家们斗智斗勇的故事。"画蛇添足"这一成语就来源于《战国策》。

画蛇添足，顾名思义，是指画蛇的时候给蛇添上脚。问题是，蛇本来没有脚，所以这个成语就用来比喻做事多此一举，不但无益，反而有害。比如我们可以说：他已经总结得很好了，你再上去说一遍，纯属画蛇添足。这个成语是怎么来的呢？它出自《战国策·齐策二》。楚国有一个人去祭祀，回来之后，把剩下的酒赏给帮他办事的人喝。帮他办事的人不止一个，怎么分呢？有一个办事员说："这么一点儿酒，咱们一起喝肯定不够，一个人喝倒是绰绰有余。这样吧，咱们不如来场比赛，都在地上画蛇，谁先画成了谁就喝。"大家都同意了，就纷纷画起蛇来。很快，有一个人先画完了，拿过酒来就要喝。可是，酒到嘴边，他又停住了。他左手端着酒杯，右手继续在地上画了起来，一边画还一边说："我比你们画得都快，我不仅能画蛇，还能给蛇再添两只脚。"可是，就在他画脚的工夫，另一个人也画完了。那个人一把夺过酒杯说："蛇根本就没有脚，你怎么能胡乱给它添上脚呢？你画的这个东西根本就不是蛇！"就这样，那个给蛇画脚的人一滴酒也没喝到。这个故事后来演变成了"画蛇添足"这一成语，比喻多此一举。

《战国策》一书主要描述了纵横家们为了各自主公的利益而摇唇鼓舌。那么，这样的书里为什么要讲"画蛇添足"的故事呢？其实，这个故事背后还有一件政治上的大事。当时，楚国的将军昭阳率领军队攻打魏国，很快就打下八座城池。他想乘胜追击，攻打魏国东边的齐国。齐国估计自己打不过楚国，就派出一位名叫陈轸（zhěn）的谋士去游说昭阳，劝他退兵。劝说一个胜利在望的将军不战而退，这无疑非常有难度。但陈轸还真有办法。陈轸见到昭阳，就问他按照楚国的规矩，灭敌杀将能封个什么官爵。昭阳说是上柱国。上柱国是最高军事统帅，这已经是很高的官职了。陈轸又问：比这更尊贵的官爵是什么。昭阳说那就只有令尹了。所谓令尹，相当于我们常说的宰相。听到这里，陈轸表示令尹的确是最显贵的官职，可是楚国已经有令尹了，楚王也不可能设两个令尹吧！他提出要给昭阳讲个故事，于是就讲了这个"画蛇添足"的故事。讲完之后，他对昭阳说："如今将军您攻打魏国，破敌杀将，连下八城。仅凭这些，已经足够被封为您刚才所说的上柱国，也算立身扬名了。就算您继续攻打齐国，官职也不可能再提升。既然如此，您又何必画蛇添足呢？如果战无不胜却不懂得适可而止，只怕会招致杀身之祸啊！"昭阳觉得他的话有道理，于是真就撤兵回国了。看到没有？这就是纵横家的风采，一条三寸不烂之舌，能抵得过几万刀兵。这些人该说的话一句都不少说，不该说的话一句不多说，绝对不会画蛇添足。

　　中国的成语浩如烟海，还有什么跟"画蛇添足"意思相近或者相反的成语呢？跟"画蛇添足"最相似的成语应该是节外生枝。"画蛇添足"是在不该画脚的地方画脚，"节外生枝"则是在不该长枝叶的地方长枝叶，它们背后的寓意，都是自找麻烦，多此一举，都是贬义词。"画蛇添足"的反义词又是什么呢？我相信，很多人可能同时想到了两个成语，一个是画龙点睛，一个是为虎傅翼。这两个成语哪一个更贴近"画蛇添足"的反义呢？乍一看，可能会觉得它们差不多。"画龙点睛"是给龙点上眼睛，"为虎傅翼"是给老虎装上翅膀，都是添了点东西，都比原来更好。是这样吗？其实并不是。"画龙点睛"讲的是南朝著名画家张僧繇（yáo）的故事。张僧繇在金陵的安乐寺画龙，画得栩栩如生，就是没有眼睛，因为张僧繇说，画上眼睛龙就飞走了。大家不信，非让他把眼睛画上。张僧繇没办法，只好把眼睛点上了，结果呢？忽然之间雷电大作，点上眼睛的两条龙果然腾云驾雾飞走了。这就是"画龙点睛"的故事，比喻在关键的地方加上精彩的一笔，让事情更完美，是个褒义词。

但是"为虎傅翼"不一样。它是周公告诫周武王的话，周公说：老虎已经很凶了，千万别给它加上翅膀，否则就会飞进城里来吃人了。这个成语比喻帮助坏人，增加恶人的势力，是个贬义词。

这样看来，如果真给"画蛇添足"找一个反义词，那么"画龙点睛"更为贴切，而不是"为虎傅翼"。可能有人又有疑问了：我没怎么听说过"为虎傅翼"，但听说过如虎添翼，这两个成语是一回事儿吗？也不是。"如虎添翼"是指像老虎加装了翅膀，意思是强大的人得到帮助会更加强大，这是一个褒义词。大家一定要辨析清楚哦。

温故而知新

1. "画蛇添足"背后的小故事是什么呢？

2. 与"画蛇添足"意思相近或者相反的成语有哪些呢？

秦汉

多多益善

先秦的一大特色就是思想繁荣，百家争鸣，所以，我们选择了若干出自诸子百家的成语。到了秦汉时期，史学有了长足的进步，所以，关于这个历史时期，我想跟大家分享一些来自史书的成语。

讲到中国的悠久历史，我们往往会想到著名的二十四史，这正是秦汉时期开创的著史传统。西汉司马迁修《史记》，这是中国第一本纪传体通史；东汉班固修《汉书》，这是中国第一本纪传体断代史。从此之后，中国逐渐形成了一个惯例：前一个朝代灭亡后，后一个朝代都会为其修一本纪传体的史书。这些史书汇聚起来，就是我们现在所说的二十四史。

我们下面要学习的秦汉时期的成语，就是从三本最著名的史书中选择的。这三本史书分别是：《史记》，编撰者司马迁，讲述从三皇五帝到汉武帝的历史；《汉书》，编撰者班固，讲述西汉的历史；《后汉书》，编撰者范晔，讲述东汉的历史。

先看第一个成语，**多多益善**。所谓"多多益善"就是越多越好。比如，有人问你："你觉得春节放多少天假合适啊？"你就可以回答说："多多益善。"这个成语出自《史记·淮阴侯列传》，是韩信所说的一句话。韩信是汉朝的开国功臣，也是中国古代杰出的军事家，在中国历史上，如果说"诗仙"指的是李白，那么"兵仙"就是指韩信。韩信为什么要说"多多益善"呢？这其实是讲他自己带兵的本事。

当年，刘邦打败项羽，一统天下，很是得意。有一天，他跟韩信聊天，纵论当时各位将领的军事才能。比如，樊哙（kuài）能带多少兵啊？周勃能带多少兵啊？汉高祖问一个，韩信就答一个。聊着聊着，刘邦忽然问韩信："你看我能带多少兵？"韩信说："以陛下的水平，顶多能带十万兵。"刘邦觉得这个评价不高，于是又问："那你能带多少兵呢？"韩信说："臣多多而益善耳。"我是有多少就能带多少，多多益善。这话说得太狂了吧？一般人听了肯定会恼火。刘邦是什么反应呢？刘邦是个有大智慧的人，他不气不急，笑着反驳了一句："你既然这么有本事，怎么被我逮住了呢？"韩信说："陛下不擅长带兵，但是擅长统率将领啊，所以我才被你逮住。"韩信这个回答相当有水平吧？一方面，他对自己的军事指挥能力相当自信，哪怕当着皇帝的面，他也敢说"你不如我"。但在另一方面，他也知道要摆正君臣位置，所以紧接着又说：我和陛下不是一个层次的，我带的是兵，您带的是将，所以我永远在您的领导之下。这就是"多多益善"这个成语的由来。

可能有人会说，难道会带兵的将领一定得"多多益善"吗？那是不是意味着带的兵少就不能取得胜利呢？当然不是。韩信既然被称为"兵仙"，那就是兵多兵少都能取胜。给大家举一个他以少胜多的例子，这个例子也演变成了一个成语，叫背水一战。

"背水一战"发生在楚汉相争时期，当时刘邦派韩信攻打赵国，赵王带了二十万大军在太行山的井陉（xíng）口防守，而韩信手中的士兵却只有三万。兵力对比如此悬殊，赵王又占据着易守难攻的井陉口，有地理优势，这仗怎么打？韩信自有神机妙算。他把这三万士兵先分出两千人来，让他们每人手持一面红旗，从小路上山，隐蔽起来，他告诉这些士兵：等一会儿赵军倾巢而出的时候，就迅速冲进他们的营地，拔下他们的战旗，换上己方的红旗。安排完这两千人，他又拨出一万人的先头部队背向河水列阵。随后，韩信就带着剩下的部队，大张旗鼓地进攻井陉口。看到韩信兵这么少，还背水列阵，赵王大喜过望，认为韩信是自绝退路。他马上率领大军投入战斗。但他们一打，韩信就退，边打边退，一直退到河边，和预先安排在河边的一万军队会合了。会合之后，大家心里都明白，前有敌兵，后有大河，这个时候只能拼命了，而人一旦拼了命，那就会生出万夫不当之勇。眼看韩信这边越战越勇，一时之间难以决胜，赵王的军队萌生退意，想先回营地。可是回头之后，他们才发现，自己的大营早就插上了汉军的红旗。赵军一下子就乱了阵脚，开始四处逃散。而韩信则是气定神闲，指挥军队从河边和山上两面夹击，大破赵军，一举俘虏了赵王。这就是中国历史上著名的以少胜多战役——井陉之战。

这一场战争，诞生了三个成语。第一个当然是背水一战，比喻身处绝境之中，为求出路而决一死战。比如我们可以说：咱们这支球队要想出线，就靠这场比赛了，大家做好准备，背水一战吧。第二个是拔旗易帜，指的是韩信指挥那两千人别动队所做的事情，即取而代之。比如我们可以说：这个工作咱们可干不了，还不如赶紧拔旗易帜，找别人干呢。第三个成语是置之死地而后生，这是韩信在井陉之战胜利后解释其战术时所提到的。有人问他："兵法说了，排兵布阵应该是背靠山、前临水，将军倒让我们背水列阵，这是什么战术啊？"韩信说："你们只知其一，不知其二。兵法里还有一条，叫'陷之死地而后生，置之亡地而后存'，你们怎么就没看到呢？"这就是成语"置之死地而后生"的来历。这个成语比喻事先断绝退路，从而下定决心，取得成功。

其实，不仅是我们这一篇提到的这几个成语，与韩信相关的成语还有很多，总数有三十多个。为什么在韩信身上能产生这么多成语呢？首先，当然是因为韩信太优秀了。他战无不胜，攻无不克，是个战神。汉朝的开国功臣萧何曾经给过他国士无双的评价。国士无双也是一个成语，比喻一个国家里独一无二的人才。韩信既然是国士无双，关于他的事迹很多，自然相关的成语也就多了。其次，我们得承认，司马迁太伟大了。他的《史记》被鲁迅先生誉为"史家之绝唱，无韵之离骚"。正是因为《史记》，我们才能知道那么多栩栩如生的历史人物，拥有那么多简洁精炼的成语。所以，不仅韩信，司马迁也是"国士无双"。

温故而知新

1. 韩信为什么要说"多多益善"呢?

2. 井陉之战是一场怎样的战争,这场战役诞生了哪三个成语呢?

漏网之鱼

　　所谓漏网之鱼，就是从渔网的网眼中漏出去的鱼，比喻侥幸逃脱的罪犯或者敌人。比如我们可以说：尽管警方加大了打击力度，但还是会有漏网之鱼。这个成语来源于《史记·酷吏列传序》："汉兴，破觚（gū）而为圆，斫（zhuó）雕而为朴，网漏于吞舟之鱼，而吏治烝烝，不至于奸，黎民艾安。"什么意思呢？汉朝兴起以后，把有棱角的都变成圆的，把雕琢的都变成朴素的，把渔网的网眼都做得特别大，连能吞下一条小船的大鱼都能漏出去，而官吏的政绩却特别好，人们也不再干坏事，老百姓都过上了太平的日子。

　　可能有人不明白，什么叫把有棱角的变成圆的？什么叫让大鱼都从网眼中逃走？这跟老百姓的生活有什么关系呢？其实，司马迁

在这里讲的是法律问题。大家都知道，秦朝的法律特别严酷，人们稍有不慎就会触犯法律，所以，秦朝的"刑徒"，也就是劳改犯特别多，单是在骊（lí）山给秦始皇修陵墓的刑徒就有七十万。秦朝这样严刑峻法，是不是社会就安定了呢？并不是。有的时候，刑罚越严酷，人们就越没有办法遵守。就拿陈胜、吴广起义来说吧，他们本来都是本分的老百姓，为什么要起义呢？就是因为秦朝的法律太严酷，只要没有按时赶到服役地点，就会被处以死刑。而陈胜和吴广他们因为大雨耽误了行程，反正也难逃一死，于是干脆揭竿而起，还带动了全天下的大起义。汉高祖刘邦正是当时的起义者之一，他亲身经历过这些事情，也知道秦朝的问题出在哪里。所以，他打到秦朝的首都咸阳之后，就跟老百姓约法三章说："杀人者死，伤人及盗抵罪。"什么意思呢？法律一共就三条：第一条，杀人要偿命；第二条，打伤人要受罚；第三条，偷别人东西要判罪。这么简明扼要的法律一出来，老百姓喜不自胜，都纷纷拥护刘邦。这其实正是汉朝能够打败群雄，最后一统天下的原因。

汉朝打天下成功了，接下来要怎么治理呢？别看汉朝继承了秦朝的地盘，也继承了秦朝的制度，但是，在治国理念上，它跟秦朝并不一样。秦朝治国用的是法家思想，主张严刑峻法，什么都管；而汉朝初年，用的是黄老道家思想，主张无为而治。所谓无为而治，就是国家不过分干涉社会，体现在法律上，就是尽可能地让法律变得宽松简便，这就是司马迁所说的把有棱角的变成圆的，把雕琢的变成朴素的，把渔网的网眼变大，让很大的鱼都能钻出去。它其实是说，把严厉的法律改成宽松的法律，把繁杂的法律条文改成简便的法律条文，让法网足够宽松，一般人都不至于犯罪。显然，司马迁很赞同这种理念，在他看来，有漏网之鱼总比一网打尽强。所以，大家别小看这个成语，它背后可是有一段秦亡汉兴的大历史，也代表着治国理念的一次大转折。

但是后来，当人们再使用"漏网之鱼"这个成语的时候，就不会考虑那么复杂的含义了，现在，"漏网之鱼"就是指侥幸逃脱的坏人，是个贬义词。那有人可能会说，我还知道几个类似的成语，都跟"漏网之鱼"特别像。比如，在小学二年级的语文课本里，"漏网之鱼"就是和"惊弓之鸟""害群之马"放在一起的。这几个词是不是一个意思呢？

惊弓之鸟出自《战国策》，背后还有一个小故事。魏国有一个著名的射箭手叫更羸（léi）。有一天，更羸跟魏王到郊外去打猎，看见远处有一只大雁，一边叫一边慢慢地飞过来。更羸对魏王说："大王，我不用箭，只要拉一下弓，这只大雁就能掉下来。"魏王当然不相信。只见更羸把箭放在一边，左手拿弓，右手拉弦，只听"嘣"的一声，那只大雁使劲拍了两下翅膀，往上蹿了一下，然后就从半空中直掉下来。魏王一看都惊呆了，觉得更羸简直就是神人。更羸笑了笑说："我不是神，我只是观察得仔细罢了。那只雁飞过来的时候，我就看出来，它飞得很慢，叫声也很悲惨。飞得慢说明什么？说明它受过箭伤，还没养好；叫得惨说明什么？说明它离了群，心里害怕。这时候我拉一下弓弦，它一听到弦响，就想起过去吃过的亏来，心里更害怕，就拼命往高处飞。可是，它这么一使劲，伤口又裂开了，所以就掉了下来。"这就是"惊弓之鸟"的来历，用来比喻吓破了胆的人。比如我们可以说：敌人吃了败仗之后，早就成了惊弓之鸟，哪怕只听见风声鹤唳，也会觉得草木皆兵。

害群之马出自《庄子》，背后也有一个小故事。黄帝有一次出行，碰到一个牧马的小孩。这个小孩虽然年纪小，却非常有见识，黄帝不耻下问，主动向他请教治国的道理。这个小孩说："治国还不就跟我放马一样，我放马的诀窍在哪里呢？不过就是把那些害群的马去掉罢了！"黄帝一听恍然大悟，从此就更知道该如何治国了。这就是"害群之马"的来历，比喻那些危害社会或者危害集体的人，也是个贬义词。比如我们可以说：整个单元只有这一户人家乱丢垃圾，却害得我们集体受罚，这户人家真是害群之马。

这样看来，"漏网之鱼""惊弓之鸟"和"害群之马"虽然结构一样，也都是贬义词，但它们的含义却不一样。"漏网之鱼"指的是侥幸逃脱的敌人，"惊弓之鸟"指的是吓破了胆子的人，而"害群之马"则指的是危害集体、危害社会的人。

温故而知新

1. "惊弓之鸟"背后的小故事是什么呢?

2. "漏网之鱼""惊弓之鸟"和"害群之马"是结构一样的贬义词,它们的含义有什么不同呢?

百闻不如一见

"闻"字带着一个"耳朵"，表示听的意思。有一个成语叫耳闻目睹，就是说耳朵听见，眼睛看见。以此类推，百闻不如一见的意思就是听一百遍，也不如自己亲眼看一遍。比如我们可以说：早就听说黄山美不胜收，百闻不如一见，这次游览，真是不虚此行。

这个成语出自《汉书·赵充国传》："百闻不如一见，兵难隃度（yáo duó），臣愿驰至金城，图上方略。"什么意思呢？赵充国说："听别人说一百次也不如自己看上一眼。敌人军事上的情况如何，在遥远的后方很难预测，我愿意骑马到金城走一趟，把情况了解清楚，再向陛下汇报作战方略。"这就是成语"百闻不如一见"的来历。

赵充国是何许人？他说的敌人是谁？他亲自调查敌情后，到底向皇帝汇报了什么方略呢？要想了解这些，还得先讲讲汉朝的历史。大家都知道，《汉书》是东汉人班固编撰的著作，记录的是西汉一朝的历史。西汉有什么特点呢？有一个词叫"雄汉盛唐"，讲的就是西汉的军事力量非常强大。既然说到军事力量，那肯定得有敌人。西汉时期最重要的敌人是匈奴，西汉最著名的几位将军，都是因为打匈奴而闻名天下的。比如卫青当年曾经直捣匈奴的龙城，李广曾经被匈奴称为"飞将军"。唐朝边塞诗人王昌龄写过一首著名的诗《出塞》："秦时明月汉时关，万里长征人未还。但使龙城飞将在，不教胡马度阴山。"其中，"但使龙城飞将在"这一句，用的就是这两位将军的典故。除了卫青、李广，西汉还有一位青年将军叫霍去病，留下了"匈奴未灭，何以家为"的名言。

但事实上，汉朝除了有匈奴这么一个强敌之外，还有一个很重要的敌人是羌人。羌人是一个非常古老的游牧民族，生活在四川、青海、甘肃一带。秦汉时期，匈奴强大，羌人就成了匈奴的小弟，经常跟匈奴一起进攻汉朝。汉武帝的时候，汉朝打赢了匈奴，大家都松了一口气。然而，到汉武帝的曾孙汉宣帝的时候，甘肃、青海一带的羌人又造反了。而且，这些造反的羌人还跟匈奴勾结在一起，给汉朝造成很大的威胁。怎么办呢？找个明白人研究研究吧。当时最明白边疆形势的人就是赵充国。赵充国是一员老将，当时已经七十多岁了。当年，汉武帝的时候，他就参加过对匈奴的战争，对边疆问题了如指掌。所以，汉宣帝就去咨询他，在现在的年轻将领里，谁能担当大任。谁知赵充国一听就来了精神，毛遂自荐道："没有比老臣我更合适的将领啦。"汉宣帝很意外，就问道："老将军您觉得，现在羌人的情况如何？您此去需要带多少兵呢？"就是在这种情况下，赵充国说出了那句名言："百闻不如一见。"他必须先到金城前线去了解情况，了解清楚之后，才能汇报作战方略。

赵充国到底了解了哪些情况呢？他在前线了解到，羌人内部其实意见并不统一，有人愿意打，但是也有人愿意和。他给汉宣帝提出的方略其实就是老成持重，不急着打仗，要沉得住气，慢慢地消耗敌人，一边消耗它，一边分化瓦解它。只要这样坚持下去，不用打，敌人内部就会乱起来。另外，他还提出让军队在边境屯田，以便长期驻扎，跟敌人打消耗战。赵充国这些方略对不对呢？事实证明完全正确。赵充国在金城驻守了六年，基本没怎么打仗就把羌人的问题解决了。这正符合《孙子兵法》的军事思想："百战百胜，非善之善也；不战而屈人之兵，善之善者也。"什么意思呢？说起打仗，百战百胜还不是最好的，最高境界是不用打仗就让敌人屈服了。正因为如此，后世很多人认为，赵充国比卫青和霍去病更厉害，因为卫青和霍去病顶多算是百战百胜，而赵充国却可以做到不战而屈人之兵。

说完"百闻不如一见"，再说说它的近义词吧。"百闻不如一见"的近义词是什么？有两个词语都跟它很接近，一个是"耳听为虚，眼见为实"，还有一个是闻名不如见面。在这两个词之中，"耳听为虚，眼见为实"是谚语，或者叫俗语，而"闻名不如见面"已经被收进《成语词典》，算是多字成语。这两个词语，都强调耳闻不如目睹，强调凡事要亲自调查才能下结论。比如，我们开头造的那个句子："早就听说黄山美不胜收，百闻不如一见，这次游览，真是不虚此行。"也可以改成："早就听说黄山美不胜收，耳听为虚，眼见为实，这次游览，真是不虚此行。"还可以改成："早就听说黄山美不胜收，耳闻不如目见，这次游览，真是不虚此行。"

我为什么要跟大家讲这个成语呢？一方面，我想借此给大家讲讲《汉书》，讲讲西汉王朝的边疆战争；另一方面，我想说的是，我们中国人，自古以来就特别重视调查研究和实践。我们不喜欢道听途说、捕风捉影，更不喜欢纸上谈兵、夸夸其谈。相反，我们相信"百闻不如一见"，相信"耳听为虚，眼见为实"，崇尚"事必躬亲，身体力行"。如果用诗句来表达这个意思，我觉得陆游的《冬夜读书示子聿》的后两句最为贴切："纸上得来终觉浅，绝知此事要躬行。"

温故而知新

1. "百闻不如一见"的由来是什么呢?

2. "百闻不如一见"的近义词有哪些呢?

千钧一发

　　"钧"是一个重量单位，在中国古代，一钧等于三十斤，千钧就是三万斤。那"发"是什么？"发"是指头发。千钧一发就是指三万斤的东西系在一根头发丝上。这是多么危险的情况啊！所以，"千钧一发"就是比喻情况万分危急。比如，小学六年级的语文课本中有这样的描述："就在这千钧一发的时刻，是郝副营长划着了火柴，点燃了那本书，举得高高的，为后续部队照亮了前进的路。"当然，我们也可以说：跑到马路中间的孩子眼看就要被汽车撞到了，就在这千钧一发之际，一位路人冲了上来，把孩子拉到一边。通过这两个例子，大家可能已经明白了，我们现在用"千钧一发"，往往要在后面加上"的时候"，或者"之际"，来表明一种特别危险

的状态。这个成语是从哪里来的呢?

这个成语出自《汉书·枚乘传》:"夫以一缕之任,系千钧之重,上悬无极之高,下垂不测之渊,虽甚愚之人,犹知哀其将绝也。"什么意思呢?用一缕细丝系着千钧的重物,上面悬挂在无限高的高处,下面垂在深不可测的深渊,就是再愚蠢的人也知道可怜它即将断掉。在原文中,悬挂千钧重物的不是头发,而是一缕细丝。用一缕细丝悬挂千钧重物来比喻万分危急的情况,真是个生动的比喻。写这篇文章的人叫枚乘,是西汉鼎鼎有名的大文学家,他的比喻自然很准确。可是,一山更比一山高,过了八九百年之后,唐朝的大文豪韩愈觉得这个比喻还不够形象生动,于是把这句话改了,改成了"其危如一发引千钧",也就是说,危险程度犹如用一根头发来悬挂千钧重物。这样一改,比喻更加形象生动了。再到后来,人们又把韩愈这句话精炼了一下,这才有了"千钧一发"这个成语。

从这个成语的发展过程我们也可以看出来,中国的语言就是这样经过千锤百炼,精益求精的。知道这个过程,大家就更能明白我们为什么要学成语了。成语是语言的精华,也是文化的精华。古人花了那么多时间,播下种子,又浇水,又施肥,又剪枝,才开出这么一朵朵美丽的花来,而我们呢?直接采摘了这朵花,这是多么坐享其成的事情呀!

回到这个成语的出处上来,大文学家枚乘是在说什么事情千钧一发呢?他说的是西汉历史上的一件大事,叫七国之乱。我们现在都觉得汉朝是个很厉害的王朝,其实汉朝建立之后,也经历过严重的内忧外患。外患就是我们上一篇提到的边疆少数民族匈奴和羌人的进攻，内忧则是诸侯王的造反。

汉朝刚刚建立的时候，因为韩信等几个大功臣的功劳太大，汉高祖刘邦就把他们都分封为诸侯王，让他们统治自己的领地。可是后来，刘邦越来越不放心这些异姓诸侯王，于是将他们一一除掉，换上了自己的儿子和侄子，这就是同姓诸侯王。刘邦以为，这些人都姓刘，都是自家人，肯定跟自己一条心。没想到，过了几十年，到了刘邦的孙子汉景帝的时候，这些同姓的诸侯王也造反了。领头造反的是统辖江南地区的吴王刘濞（bì）。他联合其他六个诸侯王共同造反，历史上称为"七国之乱"。枚乘当时是吴王的下属，眼看着吴王摩拳擦掌准备造反，他就写文章来劝吴王，指出现在造反就好比拿一缕丝来悬挂千钧重物，肯定不能成功。可惜吴王没有听，后来的结局果然就像枚乘说的那样，几个造反的诸侯王一败涂地，汉朝则借着这个机会，解决了内部诸侯王的问题，内外斗争都取得了胜利。汉朝自此走上了强盛的道路，也才有了我们现在经常说的"大汉雄风"。

"千钧一发"是个跟重量单位有关的成语，这样的成语还有很多。中国古代的重量单位，从小往大依次为：铢、锱、两、斤、钧、石。其中，一铢等于二十四分之一两，一锱等于四分之一两，一斤等于十六两，一钧等于三十斤，一石等于四钧，也就是一百二十斤。这些重量单位都有相关的成语，我们按照从小到大的顺序来介绍。

"锱"和"铢"可以组成一个成语：锱铢必较，意思就是非常小气、斤斤计较。比如我们可以说：这个人锱铢必较，恨不得别人用他一张纸，他都要跟人家算钱。

"两"和"斤"也可以组成一个成语：半斤八两。因为古代一斤等于十六两，所以半斤就等于八两。"半斤八两"的意思是彼此实力相当，差不多。比如我们可以说：你俩的英语水平真是半斤八两，谁也翻译不出这篇文章。

再看"钧"，跟"钧"有关的成语，除了"千钧一发"之外，还有一个成语一字千钧。一个字就有一千钧的重量意味着什么？意味着文字有分量，也就是文章写得好，或者是说话说得好。比如我们可以说：诸葛亮骂王朗，真是一字千钧，怪不得把王朗骂死了。

再看石。可能有人会说，跟石有关的成语太多了，比如说"落井下石""飞沙走石""一石二鸟"……是不是呢？当然不是。因为这些成语里的"石"都是石头的意思，不是重量单位。与石作为重量单位相关的成语是衡石量书。"衡"是用来称东西的秤，"石"是我们刚刚说到的重量单位，一石等于一百二十斤。"衡石量书"的意思是用秤来称量批阅的文书，不达到一定的重量就不休息。这个成语原本是用来形容秦始皇特别勤政的。当时的文件不都写在竹简上吗？秦始皇就给自己规定了任务，每天必须批阅多少石的竹简，不批完决不休息。这就是"衡石量书"的含义。从此之后，"衡石量书"就用来指皇帝勤政。

温故而知新

1. 成语"千钧一发"是怎么来的呢?

2. "七国之乱"是怎么回事呢?

有志者，事竟成

有志者，事竟成这个成语的意思很明显，就是只要有志气，做事就一定会成功。这是个很励志的成语，现在大家也经常用。比如我们可以说：妈妈年初的时候发誓减肥，这半年来，她又运动，又节食，真的亭亭玉立起来，这就叫"有志者，事竟成"。需要提醒大家的是，"有志者，事竟成"的"竟"字，意思不是"竟然"，而是"到底，终于"，也就是说，不是有志气的人竟然成功了，而是有志气的人到底成功了，或者说，有志气的人终究会成功。

这个成语出自《后汉书·耿弇（yǎn）列传》，是光武帝刘秀对将军耿弇所说的一段话："将军前在南阳，建此大策，常以为落落难合，有志者事竟成也。"刘秀是东汉的开国皇帝，耿弇是辅佐刘

秀打天下的大功臣，著名的云台二十八将之一，刘秀为什么要跟耿弇讲这么一番话呢？这就涉及东汉建国的一段历史了。

大家要知道，秦朝之后是汉朝，汉朝之后是王莽建立的新朝。王莽末年，天下大乱，爆发了绿林、赤眉起义，我们现在经常用的一个成语绿林好汉就是从这儿来的。绿林起义爆发之后，刘秀也在南阳起兵，响应绿林军。此时的耿弇还是一个二十一岁的毛头小伙子，他去投奔刘秀，劝刘秀先收河北，再定山东，然后夺取天下。要知道，那时候的刘秀也不过是绿林军旗下的一个偏将军，耿弇更是一个名不见经传的小将，谁都觉得他这个想法太夸张了，根本不可能实现。可是，耿弇有了这样的志向，也就产生了拼命三郎的勇气。有一次，刘秀让他率领四万刚刚收编过来的军队去打割据山东的军阀张步。张步手下有精兵二十万，两相对比就可以知道，这一仗有多难打。就在激战之中，耿弇的腿被敌人的箭射中了，他二话不说，抽出佩刀来，把露在腿外面的箭头砍断，接着战斗。有了这样舍生忘死的精神，还有什么打不赢的仗呢！最后，耿弇真的打败了张步，拿下了山东。

就在这次战役之后，刘秀大会群臣，表扬耿弇说："将军前在南阳，建此大策，常以为落落难合，有志者事竟成也。"意思是说，将军此前在南阳的时候，就谋划了这么一个大计策，当时总觉得想得太远，难以实现，没想到有志气的人终究能够成功啊！这就是"有志者，事竟成"的来历。当然，这段话中还有一个成语，叫落落难合，又叫落落寡合，原本是形容事情过于遥远，难以实现，但是后来就演变成形容人性格孤僻、不合群的意思了。比如我们可以说：大家都兴高采烈地玩游戏，只有这位新来的小朋友躲在一边，落落难合。

回到"有志者，事竟成"这个成语上来。我想顺着这个成语，跟大家说说志气。我们中国人最重视志气。孔夫子说："三军可夺帅也，匹夫不可夺志也。"朱熹也说："为学须先立志。"为什么志气如此重要呢？因为志气往大里说叫作理想，往小里说叫作目标。一个人有了理想，有了目标，就好比眼前有了光。眼前有光，心里才会有勇气，才会付出最大的努力，也才会取得最大的成就。就拿我们熟悉的例子来说吧：愚公有了移山的志气，才能够带领儿孙去一锹一锹地挖土；勾践有了复仇的志气，才能够卧薪尝胆，"十年生聚，而十年教训"；司马迁有了写《史记》的志气，才能够忍受酷刑，发奋著书。同样，耿弇有了辅佐刘秀夺取天下的志气，才能够把生死置之度外，奋勇杀敌。从这几个例子可以看出来，志气是奋斗的动力，也是成功的基础，这就是"有志者，事竟成"中蕴含的道理。

其实，不光是"有志者，事竟成"，好多成语都跟志气相关。比如说一个小孩子有志气，那叫有志不在年高，还可以进一步说，"有志不在年高，无志空活百岁"。说一个老年人有志气，那叫"老骥伏枥，志在千里"。这句话出自曹操的《龟虽寿》，原文是："老骥伏枥，志在千里，烈士暮年，壮心不已。"说一个人志存高远，叫志在四方。比方我们经常会说：好男儿志在四方。同样的意思，也可以说志在四海。"志在四海"出自曹植的《赠白马王彪》："丈夫志四海，万里犹比邻。"四方和四海都是往远看，如果往高看，也有两个成语，一个是鸿鹄之志，另一个是凌云之志。

"鸿鹄之志"出自《史记·陈涉世家》。陈涉年轻的时候和人一起种田，忽然说："苟富贵，勿相忘。"如果日后谁富贵了，可别忘了一起种田的兄弟啊！其他种田的人都笑话他，说你一个农民，还想什么富贵呀！这个时候，陈涉叹息着说了一句："燕雀安知鸿鹄之志哉！"——你们这些小燕子小麻雀，怎么会知道大雁和天鹅的理想呢？果然，陈涉并没有碌碌无为了此一生，而是成了农民起义的领袖，带头推翻了残暴的秦朝。从此之后，"鸿鹄之志"也就成了志存高远的代名词。

"凌云之志"出自《汉书·扬雄传》。汉武帝喜好神仙，扬雄就写文章讽刺他，没想到汉武帝看了文章之后，反倒飘飘然有凌云之志。很明显，"凌云之志"在这里并不是个好词，但是后来，却逐渐演变成志存高远的意思了。

这些成语都是告诉大家要立志，而且还得立大志。那么，是不是立了志，就一定能取得成功呢？其实也不一定。有些人挺喜欢立志的，今天立志当飞行员，明天立志当科学家，但哪一样都是三分钟热度，哪一样都不可能取得成功，这叫"无志之人常立志"，哪个志向都不付出踏实的努力，这样的志向不可能取得成功。相反，也有的人立志之后，就不再左顾右盼，而是一步一个脚印去追求目标，这才是真正的志气，也才有可能取得成功，这就叫"有志之人立常志"。换句话说，光立志没有用，还要有恒心、有毅力，这才能真正做到"有志者，事竟成"。

温故而知新

1. "有志者，事竟成"背后的故事是什么呢？

2. 与志气相关的成语有哪些呢？

不入虎穴，焉得虎子

不入虎穴，焉得虎子的意思是说，不进入老虎窝，就不能抓到小老虎。很明显，这是一个比喻，比喻什么呢？比喻不冒风险，就不能有收获。比如我们可以说：虽然接到了山火危险的通知，摄影师老张还是背着相机出发了，他说："不入虎穴，焉得虎子，我要是不靠近火场，怎么可能拍出真实的照片来呢？"

这个成语出自《后汉书·班梁列传》，是东汉班超说的一句话。班超可是我们中华民族历史上的一位大英雄，他最大的贡献就是出使西域，收复了五十多个西域城国。不过，班超可不是生来就是英雄。他能成长为这样的大英雄，经历了两个关键步骤，被后人总结成两个成语，一个是投笔从戎，另一个是不入虎穴，

焉得虎子。

先看"投笔从戎"。班超原本是一介书生，读了很多书，长大之后就在东汉的政府部门当一个小办事员，每天抄一抄文书，养活自己和老母亲。这样的日子虽然安逸，但是班超却觉得非常苦闷。为什么呢？因为他是个有理想、有本事的人，他觉得英雄无用武之地。有一天，他忽然把笔扔在地上，感慨地说："大丈夫应该像张骞那样到边疆去，为国立功，万里封侯，怎么能一辈子就在笔砚之间讨生活呢！"这个故事后来就演化成成语"投笔从戎"，指文人从军。比如我们可以说：抗日战争期间，好多学生都投笔从戎，加入了保家卫国的行列。

班超投笔从戎的理想实现没有呢？有道是"有志者，事竟成"，没过多久，他就得到一个去西域的机会。西域大致是对现在的新疆维吾尔自治区和中亚细亚等地的总称。本来，在西汉的时候，西域已经接受了汉朝的管辖。但是，西汉末年天下大乱，西域又脱离汉朝，被北匈奴控制了，这对汉朝可是一个很大的威胁。当时正是东汉的第二个皇帝汉明帝在位。汉明帝是个有志气的皇帝，就派一位名叫窦固的将军出兵攻打北匈奴，班超也随窦固一起出征。这不就是把投笔从戎的理想变为现实了吗？班超一到军队里，马上就展现出了军事才能。窦固很赏识他，就派他率领三十六个随从出使西域，游说西域各国脱离北匈奴，回到大汉的怀抱。

就是在这次出使过程中，班超说出了"不入虎穴，焉得虎子"的名言。班超出使西域的第一个地方是鄯（shàn）善国。鄯善王看见大国使臣，本来非常客气，可是，有一天，他的态度忽然变得冷淡起来，而且连续几天，越来越冷淡。班超觉得，鄯善王的态度转变一定与北匈奴的使者到访有关，鄯善王夹在两个大国之间，正举棋不定。怎么办呢？一番思考之后，班超把鄯善方面的侍者找来，直截了当地问他："我知道北匈奴的使者来了，他们现在住在哪里？"鄯善侍者完全没有思想准备，慌了神，只好告诉了班超。班超听完，先把这位侍者绑了起来，然后又把跟着他的那三十六个人召集到一起，给他们敬酒道："咱们本来是想劝鄯善国王归顺大汉的，可是现在北匈奴的使者来了，鄯善王又对咱们变了脸。我怕他把咱们都卖给匈奴人，那咱们不就成了狼嘴里的肉了吗？你们看怎么办呢？"大家都说："我们听您的。"这时候，班超说道："不入虎穴，焉得虎子。现在情况危急，咱们只能冒险一搏了。现在北匈奴的使者还没有防备，咱们不如连夜用火攻。火一烧起来，他们也不知道咱们究竟有多少人，一定会乱了阵脚，咱们正好趁乱消灭他们。只要拿下北匈奴的使者，鄯善王就会吓破肝胆，那时候，咱们就大功告成了。"

就这样，等天一黑，班超就率领将士直奔北匈奴使者驻地。当时正刮大风，班超先让十个人拿着鼓藏在匈奴使者驻地的后方，约好一见火起，就猛敲战鼓，大声呐喊。又让其他人拿着刀枪弓弩埋伏在大门两边。安排完后，班超亲自顺风点火，一时间三十六人前后鼓噪，声势震天。匈奴人果然毫无准备，乱作一团。大获全胜之后，班超请来了鄯善王，把匈奴使者的首级拿给他看。鄯善王大惊失色，赶紧表示愿意归附汉朝。就这样，班超凭借着自己非凡的勇气，在西域打开了一个缺口。这就是成语"不入虎穴，焉得虎子"的来历，也是班超在西域立下的第一个大功劳。

这次立功让汉明帝认识到了班超的才能，很快又派他第二次出使西域。这一次，班超在西域整整待了三十一年。这三十一年间，东汉的皇帝从明帝换成了章帝，又从章帝换成了和帝，但是无论皇帝如何换，班超都一直留在西域，保卫着汉朝的西大门。在他的纵横捭阖之下，西域五十多个城国都归顺了东汉。从西汉末年开始，中断了五六十年的丝绸之路重新畅通了起来。这是多大的功劳啊！班超也因为这些功劳被封为定远侯，报效国家，万里封侯，真正实现了他当年投笔从戎时候的梦想，这就是汉朝的英雄。

其实，不光班超是个大英雄，整个班氏家族都非常了不起。班超的祖姑班婕妤是中国历史上著名的贤妃，也是著名的才女，她留下了一个成语秋扇见捐，比喻妇女遭丈夫遗弃。班超的父亲班彪是著名的史学家和文学家，成语从谏如流就出自他的笔下。班超的哥哥班固更厉害，他是中国最著名的史学家之一，二十四史中的第二部《汉书》就是由他编撰而成的。班超的妹妹班昭也非常了不起，是中国历史上唯一的一位女性史学家。当年，她的大哥班固还没修完《汉书》就去世了，是她续写了八表和《天文志》，我们才能在今天看到完整的《汉书》。

我们这本书叫《顺着历史学成语》，其实大家也可以倒过来理解，顺着成语学习一下中国历史，这样才能看出古人的伟大，也才能获得文学和历史的双丰收。

1. "不入虎穴，焉得虎子"背后的故事是什么呢？

2. 和班超有关的两个成语，分别是什么？

3. 班氏家族有哪些成就呢？

三国两晋南北朝

顾名思义

中国古代的王朝，秦之后是西汉，西汉之后，有一小段时间是王莽建立的新朝，新朝之后就是东汉。东汉末年，天下大乱，军阀混战，最后形成三个大的割据政权，分别是北方的魏、东南的吴和西南的汉。这个汉政权因为在四川建国，所以后世又把它称为"蜀"或者"蜀汉"。这就是中国历史上的三国时期。

这一篇，我要跟大家分享的成语，就来自三国时期的魏国，叫作顾名思义。这个成语是什么意思呢？所谓"顾"就是看，"顾名思义"，就是指看到名称，就能想到它所包含的意思。咱们小学语文课本里是这么用的："在我的故乡，陀螺不叫陀螺，叫作'冰尜（gá）儿'，顾名思义，就是冰上的小家伙。"我们也可以说：迎春花，顾名思义，就是一种迎接春天的花朵，我们一见到它，就知道春天要来了。

"顾名思义"这个成语出自《三国志·魏书·王昶（chǎng）传》。《三国志》，顾名思义，讲的是魏、蜀、吴三个国家的历史。因此，它也就自然分成三个部分，分别是魏书、蜀书和吴书。这位王昶是魏国人，所以，他的传记记载在魏书之中。如果大家熟悉三国时期的历史就会知道，这位王昶可不是一般人。他早年曾经当过曹操儿子曹丕的老师，是个很有学问的人。与此同时，他也特别能打仗，打吴国的时候立下了赫赫战功。能文能武已经非常了不起了，更难得的是，他的家风家教还特别好，把几个儿子和侄子都教育得非常出色。"顾名思义"这个成语，就来源于他教育子侄的故事。

怎么教育呢？大家都知道，我们中国古代对"名"特别重视，孔子说"名不正则言不顺"；韩非子也提出要"循名责实"，也就是要按照名称来追求实际内容。受这些文化传统的影响，王昶就把自己对子侄的期望都寄托在了名字上。王昶有两个儿子和两个侄子，都是他起的名字。我们当代人已经把名和字连在一起使用了，每个人只有一个名字。但是，古人的名和字是两回事儿。一个人既要有名，又要有字。那王昶怎么给孩子起名字的呢？他的大侄子名叫王默，字处静，大家一听就明白，这是希望他少说话，安安静静地做人做事。二侄子名叫王沈，字处道。这个"沈"字，我们现在都读作 shěn，但它还有一个读音 chén，通"沉"，是隐没、隐藏的意思。很明显，他希望这个侄子不显山不露水，行为举止合乎于道。说完侄子，再说儿子。他的大儿子叫王浑，字玄冲。"浑"是淳朴自然的意思，比如浑厚，而"玄冲"的意思是淡泊沉静；他希望大儿子淳朴自然，为人淡泊。二儿子名叫王深，字道冲。"深"是什么意思？"深"跟"浅"相对，意思是深沉，而"道冲"是大道虚空的意思，也就是希望儿子能够内心深沉，同时像个容器一样，得有容量。这几个名字，都起得很有学问，也很有想法。

王昶为什么要这样给侄子和儿子起名字呢？他自己说得很清楚："欲使汝曹顾名思义，不敢违越也。"我给你们起这样的名字，就是希望你们一看到自己的名字，就要想它背后的意思。要按照这个意思来做人做事，不要违背我起名字的时候对你们的期望。这就是"顾名思义"最早的来历。

成语讲完了，我还想借着这个成语，跟大家说说中国人起名字的道理。如前所述，中国古代人有名、有字。名是从小就起的，用于自称，或者是直系的长辈、老师呼唤使用。字是成年之后才起的，是让别人叫的，有尊重、客气的意思。所以，在古代，直呼其名是非常不礼貌的，除非是至亲长辈。比如杜甫见了李白，能不能直接叫李白，或者叫李白兄呢？那不合适，他得称呼李白的字，称太白兄。同样，李白见到杜甫，也不能叫杜甫，而是叫子美（杜甫字子美）。这是第一个需要知道的常识。

第二个需要知道的常识是，古人的名和字一般都会有关联。这个关联大部分是相辅相成的，也就是说名和字意思差不多，可以相互解释。比如我们刚才说的王昶的子侄，他们的名和字的意思就差不多。但也有一些名和字是相反相成的，也就是意思相反，但是刚好互为补充。比如唐朝大文豪韩愈，字退之。愈是往前走，退之则是退回来，这两个词意思相反。那韩愈的父母为什么要这样起名字呢？因为人生就是有进有退呀，不能只考虑向前，不考虑后退，所以，这两个截然相反的意思又可以互相补充，这叫相反相成。

第三个需要知道的常识是，名和字虽然反映父母的期望，但是，往往又跟时代精神密不可分。就拿王昶给子侄起的名字来说吧，这几个孩子的名字，叫"玄""默""虚""冲"等，这都是道家的常用语。这是不是意味着王昶特别喜欢道家呢？也是也不是。因为三国两晋时期，本来就是道家思想大行其道的时代，当时人最流行的事情就是玄谈，也就是聚在一起谈论《老子》《庄子》和《易经》，谁要是不会谈论这些，大家就觉得他特别庸俗。还有，为什么王昶给孩子起的名字都这么谨小慎微呢？那也是因为三国是个乱世，不仅王昶，好多人都觉得，孩子不用大富大贵，最好是稳重一点儿、深沉一点儿，能够保全自己、保全家族就好。所以说，这名字看起来是反映王昶个人的心愿，但是，它同时也反映了三国的时代特点。我们当代也是如此，爸爸妈妈都觉得给孩子起了独一无二的名字，寄托了自己独一无二的期望，结果一上学才发现，重名的一大堆。这就可以看出来，名字也是时代精神的反映。

说到这里，大家不妨考虑一下自己的名字，再看看父母的名字，问问祖辈的名字，有条件的，再了解一下家谱上祖先的名字。你会发现，名字不仅饱含着每一代父母的期待，还藏着一部中国发展史呢。

温故而知新

1. "顾名思义"来源于一个什么故事?

2. 关于中国古代人的名和字有哪三个常识呢?

点睛之笔

三国两晋南北朝时期，有一个很大的时代特点，就是贵族社会。那个时候，无论是南方还是北方，都出现了一些高门大族，这些人含着金汤匙出生，世世代代享受特权。这当然不公平，但是也有一些好处。贵族们不用为物质发愁，于是就生出了高雅的精神追求，他们大多风度潇洒，艺术品位也很高。所以，魏晋南北朝时期又是中国古代的一个艺术高峰时期。王羲之的书法、谢灵运的诗歌、顾恺之的绘画，都是那个时代留给我们的精品。这一篇要跟大家分享的成语就与顾恺之有关，叫作"点睛之笔"。

可能有人会说，王羲之、谢灵运都很出名，我们还学过杜牧的"旧时王谢堂前燕，飞入寻常百姓家"，顾恺之又是何许人也？顾恺之也是贵族出身，只不过王家和谢家是跟着皇室从北方迁到南方的南渡士族，属于一等贵族，而顾家是南方的土著士族，属于二等贵族。顾恺之多才多艺，号称"三绝"。哪三绝呢？才绝、画绝、痴绝。在这三绝之中，最为人称道的还是他的绘画。大名鼎鼎的《女史箴图》《洛神赋图》都是他的作品。《女史箴图》画的是古代宫廷女性，《洛神赋图》画的是洛水之神，从传世作品就可以看出来，顾恺之最擅长画的是人物画。我们今天要说的成语点睛之笔，就出自他画人物的一段故事。

这个故事记载在《晋书·列传·文苑·顾恺之》中："恺之每画人成，或数年不点目睛。人问其故。答曰：'四体妍蚩（chī），本无关于妙处，传神写照，正在阿堵中。'"什么意思呢？顾恺之每次画完人物，常常好几年都不点眼睛。人们不明所以，就问他怎么回事。他说，四肢画得是美是丑都不关键，画人要想传神，关键就在眼睛。所以，画眼睛之前一定要想好，要郑重其事。这段话后来就演化成一个成语，叫"点睛之笔"。指一篇文章的绝妙之处，也可以指一个整体里最精彩的部分。比如我们可以说：王安石诗云："春风又绿江南岸，明月何时照我还"，那一个"绿"字，真是点睛之笔。在这里，"点睛之笔"就是指一篇文章的绝妙之处。我们也可以说：相比其他的亭台楼阁，这座弯弯的小桥才是整个公园的点睛之笔。在这里，点睛之笔就是指一个整体之中最精彩的部分。

我们之前不是还讲过一个成语"画龙点睛"吗？"画龙点睛"和"点睛之笔"是什么关系呢？说起来有趣，"画龙点睛"这个成语也出自魏晋南北朝时期的一位画家，那位画家名叫张僧繇，他生活的年代比顾恺之晚。顾恺之是东晋人，张僧繇是南朝的梁朝人。顾恺之画人不点眼睛，而张僧繇则是画龙不点眼睛。从成语的用法来讲，"点睛之笔"指的是精彩之处，而"画龙点睛"则是指在关键之处加上精彩一笔。也就是说，"画龙点睛"可以当动词使用，而"点睛之笔"则要当名词使用。我们还用"春风又绿江南岸，明月何时照我还"来举例子。你可以这样说：怎么形容江南的春天呢？王安石画龙点睛，用了一个"绿"字，而这个"绿"字，也就成了整首诗的点睛之笔。

看到这里，可能大家就会恍然大悟了：如此说来，这"点睛之笔"，岂不就是我们通常所说的"诗眼"？没错，无论是"诗眼""文眼"，还是"点睛之笔""画龙点睛"，都是用眼睛来打比方。大家为什么不约而同都用眼睛来代表最关键、最精彩的地方呢？因为眼睛是心灵的窗户，人有了眼睛，就有了表情，整个人也就活起来了。所以，我们才把最关键、最精彩的部分称作点睛之笔，如果是一篇文章，还可以称作"文眼"；如果是一首诗，那就称作"诗眼"。那可能有人又要刨根问底了：我们写文章总不能全都是点睛之笔，如果我写了一段文字，它还不到最出彩的地方，但是也越写越好，越写越带劲，用成语怎么说？这个时候，最恰当的成语是渐入佳境。

怎么才叫渐入佳境呢？举一个例子。好多人都熟悉唐朝诗人王湾的《次北固山下》。诗云："客路青山下，行舟绿水前。潮平两岸阔，风正一帆悬。海日生残夜，江春入旧年。乡书何处达？归雁洛阳边。"

大家看，诗的首联"客路青山下，行舟绿水前"起得平平淡淡，并没觉得有多好，但是，到了第二联，也就是颔联"潮平两岸阔，风正一帆悬"，一下子就有了气象，这就叫渐入佳境。再接着呢？到了第三联，也就是颈联"海日生残夜，江春入旧年"，不仅气象万千，还蕴含着丰富的哲理，甚至连当时的宰相张说都把它挂在政府大堂上，作为大唐盛世的象征。这就叫点睛之笔。先渐入佳境，再有点睛之笔，这首诗才真正成了千古名篇。

"渐入佳境"这个成语是怎么来的呢？它其实跟"点睛之笔"一样，也出自《晋书·列传·文苑·顾恺之》。讲的是顾恺之吃甘蔗的故事。咱们吃甘蔗，一般都是从上往下吃，也就是说，先吃甘蔗梢，后吃甘蔗根。可是顾恺之刚好相反，他总是先吃又粗又硬的根部，然后再往上吃，慢慢地吃到又甜又嫩的甘蔗梢。别人就问他，你为什么这么吃呢？顾恺之悠悠然回答了一句："渐入佳境。"我这样吃，才能越吃越好吃呀！这个"渐入佳境"说得太有道理了，以后就成了成语，用来比喻情况越来越好，风景越来越好，或者文章越来越好。

顾恺之就是这么一个有魅力的人，他不仅绘画传神，还给我们贡献了如此有趣的两个成语。希望大家写文章、过生活也都像顾恺之吃甘蔗，渐入佳境，最后写出点睛之笔。

1."点睛之笔"讲了一个什么样的故事呢？

2.成语"渐入佳境"是怎么来的呢？

草长莺飞

　　魏晋南北朝时期除了贵族社会，还有一个最大的时代特色，那就是南北分裂。当时，北方少数民族入主中原，传统的汉人政权被赶到了南方，这就出现了中国历史上第一次大分裂，也是第一次民族大融合。分裂从政治上来讲当然不是好事，可是，正因为汉人大批迁到南方，江南才被开发出来了，得以从人烟稀少的瘴疬（zhàng lì）之地变成人烟阜盛的"鱼米之乡"。在这种情况下，江南的美景也就逐渐出现在文人的笔下，那可是一种不同于北方的更加明媚也更加温润的景色。这种景色怎么形容呢？我们这一篇要分享的成语"草长莺飞"，就是一种最生动，也最美丽的说法。

　　所谓草长莺飞，就是青草生长、黄鹂翻飞的景象，一般用来形容春天，特别是江南春天的景色。比如我们可以说：三月的杭州，草长莺飞，一派融融春意；也可以说：时间过得真快啊，残雪才消，眨眼又到了草长莺飞的时节。这个成语出自南朝梁朝文人丘迟写的一封信，叫《与陈伯之书》："暮春三月，江南草长。杂花生树，群莺乱飞。"这几句写得真美，我们闭上眼睛，就能想象出那鸟语花香、生机勃勃的样子。把这四句话再凝练成四个字，就成了"草长莺飞"这个成语。那么，陈伯之是何许人？丘迟为什么要给他写信，写信的时候，为什么又要用如此美好的语言，来跟他形容江南的春色呢？这背后还有一段属于这个大时代的故事。

当时不是南北分裂嘛，北方的政权叫作北魏，是鲜卑族建立的政权，而南方的政权称为梁朝，是汉人政权。这位陈伯之本来是南方人，也是梁朝的一员大将。可是，面对北魏的诱惑，又受部下怂恿，他背叛了梁朝，摇身一变，成了北魏的将军。505年，梁朝北伐，北魏和梁朝两支大军在安徽的寿阳对峙，一场大战一触即发，而北魏方面的军事统帅，正是投降过去的陈伯之。这个时候，有没有可能不战而胜呢？梁朝的主帅动了心思。他找到当时江南的著名文人丘迟，请他给陈伯之写一封信，劝陈伯之投降。阵前劝降，可是一件很难办到的事情，怎么劝呢？丘迟思来想去，给陈伯之写了一封信。这封信里当然讲到了很多事情，但是，其中最打动人心的金句就是"暮春三月，江南草长。杂花生树，群莺乱飞"。陈将军啊，此刻已经是三月了，正是咱们江南的暮春时节。这个时候，草都长起来了，树上开满了各种各样的花，黄莺就绕着这满树的花儿飞来飞去。陈将军啊，你在心里，在梦里，真的不思念这样的景色吗？就这么轻飘飘的四句话，一下子就击中陈伯之内心最柔软的地方了。陈伯之居然带领着八千军队，又投降了梁朝。这可真是"一支笔胜过十万兵"的经典案例。

为什么这几句话能有如此大的作用？这就是典型性描写的力量啊。跟北方相比，江南的特点是什么？不就是植被茂密、生物多样性强吗！怎么表现植被茂密呢？一句"江南草长"，我们仿佛都看见了那漫山遍野的绿色。怎样表现生物多样性强呢？一句"群莺乱飞"，我们仿佛都听到了无数鸟儿的啁啾声。这草长莺飞的样子，就是温暖湿润而又生机勃勃的江南啊，它一下子唤醒了陈伯之心中的桑梓之情。就算你不爱江南的皇帝，你能不爱生你养你的江南吗？所以，这几句话，表面上是在写景，其实背后又有情，情景交融之下，陈伯之终于向故乡投降了。

"草长莺飞"本来是南北朝时期的文章，背后也是南北朝时期的故事。可是后来，清朝后期，又有一位江南诗人高鼎把它扩充成了诗。这首诗的名字叫《村居》，已经选进了我们的小学语文课本。诗云："草长莺飞二月天，拂堤杨柳醉春烟。儿童散学归来早，忙趁东风放纸鸢。"这首诗写得真好。前两句写景，后两句写人。景色是"草长莺飞""杨柳拂堤"，这正是早春最明媚的样子。人物呢？是小小少年，放学之后一哄而散，"忙趁东风放纸鸢"，真是让如今忙着补课的同龄人羡慕不已，这又是人生最欢乐的样子。景色的明媚再加上少年的欢乐，就组合成了一幅最动人的春天图景。这图景胜过了"万紫千红"，那未免太烂漫了；也胜过了"莺歌燕舞"，那未免太热闹了；还胜过了"鸟语花香"，那未免太抽象了。总之，它看起来自然而然，却胜过了"精雕细琢"，让人一看就心生欢喜。这就是成语之美，也是诗词之美。

不知道大家注意到没有，梁朝的丘迟写"草长莺飞"，他给出的时间是暮春三月。而清后期的高鼎也写"草长莺飞"，他给出的时间却是早春二月。同样的江南，同样的景色，为什么会有一个月的时间差呢？这里的可能性当然很多。比如说，"草长莺飞"这样的风景延续时间很长，从早春到暮春都是草长莺飞，所以诗人就用"草长莺飞"代表整个春天；或者，虽然两个人都说"草长莺飞"，但是丘迟搭配的景色是杂花生树，而高鼎搭配的景色是杨柳拂堤，一个已经开花，一个刚刚长叶，还是能看出来季节差异。但是我觉得，这可能还跟中国古代的气候变化有关。

我国有一位著名的气象学家、地理学家，名叫竺可桢，他曾经写过一篇著名的文章，叫《中国近五千年来气候变迁的初步研究》。在那篇文章里，竺可桢先生根据好多的考古材料和诗文材料，画出了一个五千年气候变化的图表。在那个图表里，魏晋南北朝时期的温度比现在低将近二摄氏度。同样，明清之际的气温也比现在低将近二摄氏度。天气太冷太干了，北方草原受灾严重，所以北方少数民族才会进入中原。可是到了清后期，气温又有所回升，大概跟现在差不多了。这样一来，我们就能解释诗中的时间差了：在丘迟生活的南北朝，要到农历三月才会出现草长莺飞的景象；而到了高鼎生活的清朝后期，二月已经是草长莺飞了。我为什么要说这些呢？其实是想说，成语里不仅有文学、有历史，也有科学。

1. "草长莺飞"形容了一种什么样的景象，它背后又有着怎样的故事呢？

2. "草长莺飞"出自一封什么样的信？这封信的背后有着怎么样的故事呢？

饮水思源

饮水思源的意思是说，喝水的时候要想着水源，要不忘根本。比如大家可以说：如今我们过上了幸福的生活，饮水思源，一定不能忘记牺牲了的革命先烈。

这个成语是怎么来的呢？它出自北周大文豪庾（yǔ）信的一首诗，叫《燕射歌辞·徵（zhǐ）调曲》。所谓《燕射歌辞》就是古代皇帝举行宴饮射礼的时候唱的歌辞，这些歌都有固定的曲调，按照主调的音阶分成宫、商、角、徵、羽五音，大体相当于现在简谱中的1、2、3、5、6，《徵调曲》就是主调是徵调的曲子。庾信是当时著名的文人，他所做的事情，就是给这些现成的曲子填上词。他当然填了好多，其中之一就是这首《燕射歌辞·徵调曲》。歌词原本有六首，其中，跟这个成语直接相关的两句话是："落其实者思其树，饮其流者怀其源。"你如果摇落果实，就得想着长出果实的大树；你如果喝河里的水，就得想着河水的源头。皇帝宴饮时唱这样的歌曲，其实是在提醒百姓：你能享受到现在的好生活，一定不要忘记皇帝的恩泽。这是从官方的角度讲。如果从庾信私人的角度来讲，他写这样的歌词又有另外的缘故。什么缘故呢？怀念故乡。当时不是南北朝时期吗？庾信本来是南方的梁朝人，奉命出使北方的西魏，但是，他刚刚到北方不久，西魏就把他的国家给灭了。这样一来，他只好留在了北方。庾信是当时名满天下的大文人，所以北方的统治者对他相当照顾，可是，他心里还是放不下故国，放不下故乡。所以，一提起笔来，就是"落其实者思其树，饮其流者怀其源"，这淳朴优美的语句中，包含着多少对江南的思念啊！后来，人们又把它精炼成一个成语，叫"饮水思源"，比喻不忘根本。

可能有人会说，你说这句话淳朴，我还知道一个更淳朴的说法呢，也表达同样的意思，叫"吃水不忘挖井人"。对不对呢？完全正确，小学二年级语文课本有一篇课文，就叫《吃水不忘挖井人》，讲毛泽东主席当年在江西瑞金的沙洲坝帮当地老百姓打井的故事，后来，老百姓在井旁边立了一块碑，上面就写着"吃水不忘挖井人，时刻想念毛主席"。

"吃水不忘挖井人"和"饮水思源"之间，是什么关系呢？这两个词语意思一样，但是，它们一个是俗语，一个是成语。俗语和成语有什么区别呢？我觉得，有三个区别最明显：第一，成语一般有明确的出处，俗语一般没有明确的出处。比如这个"饮水思源"，我们就能很明确地说出来，它出自庾信《徵调曲》，而"吃水不忘挖井人"是谁说的？没人知道，我们只能说，它是老百姓集体创作出来的。第二，成语比较文雅，俗语则生动鲜活。"饮水思源"这四个字，一听就文绉绉的，很整齐很精致，相比之下，"吃水不忘挖井人"不那么文雅，但是，它非常生动形象，让人一听就明白是怎么回事，我们甚至可以直接用它来解释成语。第三，也是最直观的特征，成语大多数都是四个字的，而俗语就不一样了，几个字都有，不整齐也不规范。

其实，在我们日常生活中，有很多成语和俗语都可以一一对应。比如俗语"鼻子都气歪了"，对应成语气急败坏。俗语"前怕狼后怕虎"，对应成语畏首畏尾。俗语"打开天窗说亮话"，对应成语直言不讳，还可以对应另外一个成语开门见山。不过，也有一些俗语和成语，貌似非常相似，却并不能相互解释。比如"一个巴掌拍不响"和孤掌难鸣。表面看来，"一个巴掌"对应"孤掌"，"拍不响"对应"难鸣"，对得很恰当吧？但事实上，这个俗语和成语根本不是一个意思。"一个巴掌拍不响"是说矛盾不是单方面引起的。比如我们可以说：小明和他爸爸都好久不说话了。一个巴掌拍不响，小明固然太调皮，但他爸爸的教育方式也太简单粗暴了。这叫"一个巴掌拍不响"，意味着两方面都有责任。所谓"孤掌难鸣"，是指一个人势单力薄，难以成事。比如我们可以说：我是想要先吃饭再写作业，可是爸爸妈妈、爷爷奶奶都说写完作业才能吃饭，我孤掌难鸣，只好举手投降。所以，这两个词语完全不是一个意思，大家千万不要望文生义，混淆了它们。

回到"饮水思源"上来。"饮水思源"的近义词是"吃水不忘挖井人"，那么，它的反义词是什么？跟它最匹配的反义词，应该是数典忘祖。所谓数典忘祖，意思就是忘了根本。它出自《左传》的一个故事。春秋时期，周天子衰微，好多诸侯国都不把他放在眼里。当时，晋国的大夫籍谈到洛阳去朝见周景王。周景王请他吃饭，故意用鲁国贡献的壶来喝酒，随后便问籍谈："其他诸侯国都给我进贡，为什么晋国不进贡呢？"籍谈回答道："其他诸侯国都得过周天子的赏赐，所以才进贡。我们晋国没得到过赏赐，所以也没什么可进贡的。"周景王一听勃然大怒，历数从晋国开国以来周天子赏赐给他们的东西，然后质问籍谈："你家祖上就是掌管晋国典籍的，所以你才姓籍，你怎么连这些都忘了呢？"籍谈一走，周景王就说："这个籍谈竟不知祖上经历的史实，举出旧典，却忘记了祖宗。"这就是"数典忘祖"的来历，比喻一个人忘了本。我们可以说：做人一定要懂得饮水思源，千万不能数典忘祖。

作为中国人，什么是我们共同的源头呢？中国的文化就是我们共同的源头，我们每个人都珍惜这个源头，才能把道路越走越宽广。这就叫"问渠哪得清如许，为有源头活水来"。

1. "饮水思源"是怎么来的呢?

2. 俗语和成语有什么区别呢?

3. "饮水思源"的反义词和近义词分别是什么呢?

不求甚解

不求甚解是指凡事只求懂个大概，不想深入了解。比如我们可以说：你这种对问题不求甚解的态度，才是你成绩不好的根本原因。很明显，这个成语是贬义词。

但是，这个成语最开始并不是贬义词，它出自陶渊明的《五柳先生传》，是陶渊明对自己读书志趣的总结："先生不知何许人也，亦不详其姓字。宅边有五柳树，因以为号焉。闲静少言，不慕荣利。好读书，不求甚解；每有会意，便欣然忘食。"什么意思呢？这位先生也不知道是哪里人，也不知道他姓甚名谁。因为宅子旁边有五棵柳树，所以就号为"五柳先生"。他安安静静，很少说话，也不羡慕荣华富贵，功名利禄。他喜欢读书，但是不愿意深究那种一字一句的解释；每当看到他心领神会的地方，他就会连饭都忘了吃。这位不求甚解的五柳先生正是陶渊明自己。陶渊明可是中国历史上著名的隐士，他为人特别清高，留下过"不为五斗米折腰"的佳话。

其实，陶渊明的清高不仅仅表现在"不为五斗米折腰"上，在这篇《五柳先生传》里也有清晰的体现。当时是魏晋南北朝时期，大家都特别重视出身，重视门第，姓崔的人一定要标榜自己是清河崔氏，姓卢的人一定要标榜自己是范阳卢氏。可是陶渊明不然，他上来就说，先生不知是哪里人，也不知道姓甚名谁。这意味着什么？意味着他看不上这一套，对这一套不以为然。那到底怎么称呼他呢？他说了，既然宅子旁边有五棵柳树，那就叫五柳先生吧。我们现在起名字都郑重其事，恨不得把字典都翻烂了，不光意思要好，还要有点儿诗情画意，甚至还要查什么生辰八字、阴阳五行，但是陶渊明才不管这么多，他就随随便便起一个号，这就叫"是真名士自风流"，或者用更简单的成语来说，就叫名士风流。这种气派表现在为人上，那就是"闲静少言，不慕荣利"；表现在读书上，就是"好读书，不求甚解"。

什么叫"甚解"？所谓"甚"就是"很"，"甚解"就是"很了解"，也就是彻底了解。大家可能会好奇，读书就是要彻底了解书中的内容呀，为什么陶渊明反倒说"好读书，不求甚解"呢？这其实和当时的学术风气有关。陶渊明不是晋朝人吗？晋朝之前的大王朝是汉朝。汉朝人做学问的特点就是不厌其烦，追求"甚解"。他们拿来儒家经典，逐字逐句地进行解释，最夸张的情况下，一个字就能解释出好几万字来。大家都在那里寻章摘句，觉得这才是学问，而经典真正的精神是什么，反倒没人理会了。陶渊明反对这种学风，说自己是"好读书，不求甚解"。也就是说，他不做那种细枝末节的功夫，他只用心去体会书中的真精神。而且，一旦觉得自己领会了书中的真谛，他就会高兴得连饭都忘了吃，这就是"每有会意，便欣然忘食"。这才是真正的读书人啊！

大家可能都看过《三国演义》，《三国演义》里有两个人的读书态度和陶渊明很像。第一个是关羽。关羽号称"读春秋，知大义"。作为一个武将，他未必能了解书中每一个字的意思，但是他知道忠孝仁义，这就算是读懂了《春秋》。所谓"知大义"，其实就是"好读书，不求甚解"。还有一个是诸葛亮。当年，诸葛亮隐居南阳的时候，和徐庶等几个朋友一起读书，其他人都是一字一句地读，只有诸葛亮是"观其大略"。"观其大略"和"知大义"其实是一回事，也意味着"不求甚解"。很明显，在陶渊明的眼里，"不求甚解"并没有任何贬义，是个好词。而且，也正是这种不求甚解，但求会意的态度，才激发出了魏晋南北朝时期学术的新气象。

但是，随着时间推移，"不求甚解"慢慢就从《五柳先生传》这篇文章中独立出来，演变成了一个独立的成语。没有文章作为背景，它的意思也就发生了变化，从不拘泥细枝末节的褒义词变成了只知道大概、不想深究的贬义词。这就好比呆若木鸡，本来是指斗鸡训练有素，不受外界干扰，是褒义词，现在却变成了表示呆头呆脑的贬义词。这就是古今词义的变化。意思发生变化之后，我们再说到读书，就不鼓励大家不求甚解了。相反，我们希望大家好学深思、勤学好问，把该学的知识都学懂弄通，千万不能一知半解。

尽管如此，阅读不同类型的书籍，要求也并不相同。比如，我们阅读专业书籍，自然不能不求甚解，但是，如果我们修身养性，读所谓的"闲书"，那就可以不求甚解。为什么呢？因为"闲书"最重要的功能是激发我们的阅读兴趣，提升我们的阅读水平。在这种情况下，如果总是抠字眼，就会觉得特别辛苦，读起来也并不顺畅，慢慢地就没有兴趣了。比如说小朋友读《西游记》，看孙悟空打妖怪，多热闹，多来劲！但是，书中不仅有孙悟空打妖怪，还有孙悟空讲佛法，而且动不动就赋诗一首，不仅节奏沉闷，生僻字还特别多。这个时候怎么办？如果小朋友看不懂、没兴趣，也不用一个字一个字地查字典，跳过去就是，先把书看下来才最要紧。这就是"不求甚解"。

其实，小学语文课本就是这样教大家的呀。小学五年级有一篇课文叫《我的长生果》："小镇的文化站有几百册图书！我每天一放下书包就奔向那儿。几个月的工夫，这个小图书馆所有的文艺书籍，我差不多都借阅了。我读得很快，囫囵吞枣，大有'不求甚解'的味道。"看到没有？大作家当年看课外读物，也有一个囫囵吞枣、不求甚解的阶段。这时候最重要的是别破坏读书的乐趣，就这么津津有味地读下去。俗话说，"书读百遍，其义自见"，读书多了，意思也就越来越明白了。

古往今来的图书浩如烟海，原本不该只有一种阅读方法。专业阅读固然要一丝不苟，打破砂锅问到底；博览群书则不妨不求甚解，这样才能把阅读的深度和广度有机结合起来，成为一个真正的读书人。

温故而知新

1. "不求甚解"的感情色彩经历了怎样的变化?

2. 你平时都是如何阅读的呢,不求甚解,还是一丝不苟?

囊萤夜读

魏晋南北朝讲究名士风流，好像什么都不在乎。但是，真的名士，可以不在乎社会的繁文缛节，却一定不能不在乎学问。换句话说，要成为名士，也需要刻苦读书。这一篇，我就跟大家分享一组关于刻苦读书的成语。

第一个叫囊（náng）萤夜读。"囊"其实就是布口袋。在这里当动词用，意思是用布口袋装。装什么呢？装萤火虫。为什么要装萤火虫呢？因为夜里读书，要用萤火虫的微光给自己照明。这其实是晋朝大臣车胤（yìn）的真实经历。《晋书·列传·车胤》云："胤恭勤不倦，博学多通。家贫不常得油，夏月则练囊盛数十萤火以照书，以夜继日焉。"什么意思呢？车胤这个人谨慎勤劳，不知疲倦。

知识广博，学问通达。他家境贫寒，不能经常得到灯油。夏天的夜晚，车胤就用白绢做成透光的袋子，装几十只萤火虫照着书卷，夜以继日地学习。就这么短短一小段文字，就产生了两个成语，一个是"囊萤夜读"，一个是夜以继日。都是讲刻苦读书。

古代读书人要读书，会遇到一个很大的问题，就是照明。古代没有电，晚上怎么读书呢？可能有人会说，不是可以点蜡烛吗？古人确实可以点蜡烛，但是，蜡烛贵啊。宋朝宫廷使用的普通蜡烛，每一根就要一百五十文钱，相当于一般老百姓两三天的收入。即使是民间使用的低级蜡烛，一根也得要接近二十文钱，老百姓根本就买不起。北宋的宰相寇准，因为出身富贵，小时候总点着蜡烛读书，被称为"蜡烛公子"。等他长大做官，还是习惯点蜡烛，因此还受到过欧阳修的批评，说他过于奢侈。一般读书人，如果不点蜡烛还能怎么办呢？比较经济的做法是点油灯。灯油比蜡烛便宜多了，就算通宵达旦，一晚上耗费的灯油也只要四五文钱。所以古人寒窗苦读，还有一个成语，叫青灯黄卷。就是借助油灯青色的火苗，看那些泛黄的书卷。如果再贫寒一些，连灯油也买不起，怎么办呢？古代人想出了三个办法，也因此形成了三个成语。第一个是我们刚刚讲过的"囊萤夜读"，第二个是映雪夜读。

"映雪夜读"说的也是一个晋朝人，名叫孙康。孙康家里穷，没钱买灯油，一到晚上，只能躺在床上，背诵白天学过的文章。有一年冬天，天降大雪，他独坐背书，忽然发现窗户越来越亮。这明明是大半夜，怎么天就亮了呢？孙康趴到窗户前一看，原来是大雪把窗户映白了。这个发现让他太高兴了，他赶紧拿书看了起来。这就是成语"映雪夜读"的来历。后来，人们又把"囊萤夜读"和"映雪夜读"组合成了一个新成语，叫作囊萤映雪，形容寒门子弟刻苦读书。《三字经》也讲了这两个故事："如囊萤，如映雪，家虽贫，学不辍。"

囊萤夜读只能发生在夏天，映雪夜读只能发生在冬天，都需要一些特殊条件。如果没有这些特殊条件，又没有灯油，还能怎么读书呢？古人还想出来了第三个办法，也是第三个成语，叫凿壁偷光，也叫凿壁借光，说的是西汉丞相匡衡的故事。匡衡小的时候，家里很穷。他看的书，都是跟人家借来的。可是光借书不行，还得有时间看书。白天匡衡要给人打短工，根本没时间看。晚上有时间了，却又没有灯油，怎么办呢？有一天，他偶然发现自家的土墙裂了一条缝，邻居家油灯的光透了进来。这可把匡衡高兴坏了，他偷偷地把那个裂缝又往大里挖了挖，就借着邻居家的灯光，津津有味地看起书来，这就叫"凿壁借光"。就为了这么一点儿光，古代的穷孩子可谓使尽了浑身解数，真是令人感动。

不过我们也知道，读书的障碍也不光是没钱。还有两个障碍，第一个——没精力。通俗来说，就是一读书就犯困。这个问题怎么解决呢？古代有两个狠角色，一个是战国时期的苏秦，发明了一个办法，叫"锥刺股"，就是一犯困就拿锥子扎自己的大腿，扎得血都流到脚面上，这样一来，人当然就会清醒了；还有一个是东汉时期的孙敬，他发明了一个办法，叫"头悬梁"。古人都是长头发，孙敬拿了一根绳子，把自己的头发拴在房梁上，只要他一打瞌睡，绳子就会猛地拽一下他的头发，这样一来，他就清醒了。这两件事也被写进《三字经》里："头悬梁，锥刺股。彼不教，自勤苦。"而且，这两件事还组合成一个成语，就叫悬梁刺股，比喻废寝忘食地刻苦学习。

除了精力不够，古人读书还有第二个障碍——没有好老师。古代没有我们今天这样的九年义务教育。在古代的大部分时间里，官府办的学校有限，人们要想读书，得自己去找老师。见到老师，还得毕恭毕敬，让老师觉得你是孺子可教，才会收下你。

说到尊敬师长，也有一个成语，叫程门立雪，说的是北宋儒学家杨时的故事。杨时当时已经四十岁了，有学问，也有名气。但是，他还想进步，想找更好的老师求学。他内心最认可的老师是一位大理学家，名叫程颐。有一天，杨时和另外一位名叫游酢（zuò）的同学一起去洛阳拜访程颐。他们到的时候，程颐正好在睡午觉，杨时和游酢不敢打扰，就站在一边等着。就在这个时候，雪下起来了，眼看雪越下越大，程颐就是不醒。杨时和游酢也不走，就在那儿站着等。终于，程颐睡醒了，看见他们，大吃一惊："你们在这儿等多久了？"那个时候还没有时钟，杨时他们也不知道到底等了多久，但是看看地上，雪已经下了一尺厚了。这就是"程门立雪"，比喻求学心切，也比喻学生尊敬师长。

现在，我们已经分享了四个跟学习有关的成语了——"囊萤映雪""悬梁刺股""凿壁偷光"和"程门立雪"，这是不是意味着，我们都要模仿古人的事迹呢？并不是。我们现在的读书条件、学习理念都跟过去不一样了，如果机械地模仿古人，那就成了"邯郸学步"，愚不可及。真正值得学习的是古人的精神。这种精神，就是无论遇到多大的困难，也不放弃读书，不放弃进步。颜真卿说得好："三更灯火五更鸡，正是男儿读书时。黑发不知勤学早，白首方悔读书迟。"时不我待，所有渴望成长的朋友，何不从现在开始发奋呢？

温故而知新

1. "囊萤映雪""悬梁刺股""凿壁偷光"和"程门立雪"，
分别讲述了怎样的故事呢？

2. 你还知道哪些形容刻苦学习的成语呢？

唐宋

春色满园

　　唐朝和宋朝是中国历史上两个赫赫有名的大时代。唐代的特点是繁盛，所以我们现在还管唐朝叫盛唐。宋朝的特点，一方面是生产力水平高，老百姓生活富裕，所以宋朝又被称为"富宋"；但在另一方面，宋朝又文质彬彬，不太擅长打仗，经常需要花钱买和平，所以又被称作"弱宋"。虽然唐朝和宋朝的个性差别很大，但是有一点非常相似，这两个王朝在文学上都成就非凡。其中，唐朝的代表性文化成果是唐诗，诞生了李白、杜甫、王维、白居易等大诗人。而宋朝的代表性文化成果是宋词，诞生了柳永、李清照、苏东坡、辛弃疾等大词人。唐诗宋词本身就那么美，可想而知，从唐诗宋词中诞生的成语该有多么精彩。

跟大家分享一个非常美丽的词语，叫春色满园，也叫满园春色，意思是整个园子都是一片春天的景象，比喻欣欣向荣。这个成语怎么使用呢？作家林语堂先生是这么用的："我未到浙西以前，尚是乍寒乍暖时候，及天目回来，已是满园春色了。"同学们也可以用它的比喻意思，比如说："改革开放的东风一吹，祖国大地立刻春色满园。"

　　"春色满园"出自南宋诗人叶绍翁的《游园不值》。诗云："应怜屐齿印苍苔，小扣柴扉久不开。春色满园关不住，一枝红杏出墙来。"这首诗写得真好。好在哪里？

　　第一个好处，一共四句的小诗，却写得一波三折。诗人要去游园，心里肯定有所期待吧？可是，到了一看，园门紧闭，敲门也无人来应。大好的春光却被关到了园子里，这个时候，心里一定有点遗憾吧？这就是第一个波折"应怜屐齿印苍苔，小扣柴扉久不开"。这一个波折，约略相当于唐代诗人贾岛的《寻隐者不遇》："松下问童子，言师采药去。只在此山中，云深不知处。"两首诗都有点儿惆怅。可是，《寻隐者不遇》就带着这惆怅结束了，而《游园不值》呢？接着又翻出了波澜。就在这位游客悻悻然地转身离去之际，不经意间一抬头，却看到一枝红杏花探出了墙头，这就是"春色满园关不住，一枝红杏出墙来"。这多像辛弃疾的"旧时茅店社林边，路转溪桥忽见"呀！一个不经意，就和春光撞了个满怀。是不是又从惆怅之中翻出了惊喜？一波三折，这是第一个好处。

　　再看第二个好处。这首小诗，多么意味深长啊！"春色满园关不住，一枝红杏出墙来"，说的是春光，却又不只是春光，它还是一种生机勃勃，怎么也关不住的生命力。这么看来，这首诗又蕴含着一个深刻的哲理：新生事物一定会冲破重重阻力，脱颖而出。我们经常讲"唐诗以情胜，宋诗以理胜"，这首诗其实特别符合宋诗的特点，它是讲道理的，而且讲的还是一个很深刻的道理。但是，这道理又包裹在如此动人的情境之中，让你一点儿都不觉得生硬，而是在不知不觉中心悦诚服。这种寓情于景、寓理于景的感觉非常像朱熹那首《春日》："胜日寻芳泗水滨，无边光景一时新。等闲识得东风面，万紫千红总是春。"很多人都知道，这首诗里的万紫千红也是成语，形容百花争艳的景象。其实，百花争艳也是成语，也用来形容春天的蓬勃。在我们小学二年级的语文课本上，一下子用了四个成语来告诉大家春天的样子。这四个成语分别是含苞欲放、花红柳绿、百花争艳和春色满园。其中，"含苞欲放"是早春，"花红柳绿""百花争艳"是盛春，到了盛春，那就是一片"万紫千红""春色满园"了。

不知道大家注意到没有，我们的成语既可以说成"春色满园"，也可以说成"满园春色"，这两种顺序，有区别吗？从成语的角度看没有区别，但是，从七言绝句的角度说，必须是"春色满园"，而不能是"满园春色"。可能有人会不服气，觉得"满园春色"对一枝红杏挺好的呀！"满园"对"一枝"，"春色"对"红杏"，这不是对仗工整吗？为什么不对呢？一个重要原因当然是当初诗人就是那么写的。但这不是唯一原因，还有另一个重要原因是，古代绝句是要讲究平仄的。平仄规律比较复杂，最简单的说法就是"一三五不论，二四六分明"。什么意思呢？我们把绝句的每两句叫作一联。

每一联中，上下句的第一、三、五个字平仄要求不严格，但是，第二、四、六个字则一定要平仄相对。也就是说，在第二、四、六这三个字的位置上，上一句是平声，下一句就得是仄声，上一句是仄声，下一句就得是平声。

就拿《游园不值》来说吧，它的第三句和第四句是一联。有第四句"一枝红杏出墙来"摆在我们面前，就可以根据它来分析第三句的平仄了。第四句的第二个字"枝"是平声，那么，它的上一句，也就是第三句的第二个字就应该是仄声。满园的"园"字是平声，春色的"色"字是仄声，所以当然是"春色满园"，而不是"满园春色"。那以此类推，"一枝红杏出墙来"的第四个字是"杏"，"杏"是仄声。那么，第三句的第四个字就应该是平声。春色满园的"园"字不就是平声吗？这才是平仄相对的格律诗。这样看来，虽然从意思上来说，"满园春色关不住"和"春色满园关不住"都很好，都能对得上"一枝红杏出墙来"，但是，按照古代写诗的规矩，一定得是"春色满园关不住"才合辙押韵。

我们这一篇除了跟大家讲"春色满园"这个成语，还告诉了大家一个格律诗写作的基本规律，叫"一三五不论，二四六分明"。我们有一种学习方法，叫"举一反三"，意思是说，从一件事情的情况或者道理，就可以推知许多事情的情况或者道理。我们学习也要学会由此及彼，以此类推。希望大家都能记住这个有关诗词的浅显规律，以后遇到类似的情况，就可以根据规律做出判断，这样举一反三、闻一知十，才是最有效的学习。

温故而知新

1. 成语"春色满园"和"满园春色"，有什么区别吗？

2. 形容春天的成语有哪些呢？

秋高气爽

　　这一篇，跟大家分享一个关于秋天的成语，叫秋高气爽，一般用来形容秋天天空晴朗、气候凉爽宜人。比如我们可以说：我们爱春天，爱它风和日丽，春色满园；我们也爱秋天，爱它秋高气爽，硕果累累。我们还可以说：最近都是秋高气爽的好天气，最适合登高远眺、把酒临风。

　　这个成语和"春色满园"一样，也出自一首诗。唐代大诗人杜甫的《崔氏东山草堂》写道："爱汝玉山草堂静，高秋爽气相鲜新。有时自发钟磬响，落日更见渔樵人。盘剥白鸦谷口栗，饭煮青泥坊底芹。何为西庄王给事，柴门空闭锁松筠。"崔氏东山草堂，是一个叫崔兴宗的诗人在蓝田东山建立的草堂。蓝田东山就在蓝田县的东边，因为山里出产美玉，所以又叫玉山。李商隐写过一首《无题》，其中有一联"沧海月明珠有泪，蓝田日暖玉生烟"，说的就是蓝田玉。蓝田有山有水，好多朝廷官员都在这里建别墅，偶尔来度假，甚至隐居一段时间。比如王维的辋川别墅，就在蓝田东山。崔兴宗的草堂也在蓝田东山，杜甫到东山草堂做客，就写了这么一首诗送给主人。怎么写呢？杜甫上来就夸："爱汝玉山草堂静，高秋爽气相鲜新。"说：我最喜爱你这个玉山草堂的安静了，秋日那高高的天空和干爽的空气都是那么清新。这个"高秋爽气相鲜新"一下就给人留下了深刻印象。

当我们闭上眼睛想象秋天的时候，我们会想起什么？

第一，会想起秋天那特别高远的蓝天吧？秋天水汽少了，云层比较薄，空气透明度高，这时候我们抬头看天，就会感觉天格外高。毛泽东主席诗云："天高云淡，望断南飞雁。不到长城非好汉，屈指行程二万。"这天高云淡也是一个成语。天高云淡是说云彩很少，那如果一点儿云彩都没有叫什么？那就叫万里无云，也是一个成语。一旦达到万里无云的境界，天就会显得格外蓝，那个时候，我们又可以用一个成语，叫碧空如洗，说天空就像洗过的一样。这些都是形容秋天最常用的成语，体现了秋天的第一个特点：秋高。

第二，会想起秋天那格外清爽的空气吧？秋天的水汽少了，空气就不再有夏天那种黏糊糊的感觉，而且，秋天的天气变凉了，又凉又干，这才显得格外清爽。还有一个成语，叫金风送爽，就是这个意思。《红楼梦》里，贾探春住的房子叫"秋爽斋"，说的也是这个特点。把"高"和"爽"这两个秋天的典型特点结合到一起，不就是杜甫所说的"高秋爽气相鲜新"吗？后人把"高秋爽气"的定语和主语调换了一下位置，就变成了成语"秋高气爽"。只要一说到这个成语，我们就自然能想起天高云淡、金风送爽，这也是秋天这个季节最美的感受。

　　接下来我们看颔联，也就是第三、第四句："有时自发钟磬响，落日更见渔樵人。"时不时地，草堂里就会听见钟磬的响声，一到落日时分，又会看见回家的樵夫和渔民。这是多么自在高雅的情调啊！再看颈联，也就是第五、第六句："盘剥白鸦谷口栗，饭煮青泥坊底芹。"白鸦谷和青泥坊都是当地的地名，盘子里是剥好的白鸦谷谷口的栗子，而饭里又煮了青泥坊种的芹菜。这是多么简约安闲的生活呀！再看最后两句，也就是尾联："何为西庄王给事，柴门空闭锁松筠。"这是说，放着这么幽静的环境，这么高洁的生活，西庄的那位王给事为什么不来住呢？你看他的柴门都锁着，把好好的松树和竹子都锁在院子里了。这位住在西庄的王给事到底是谁呢？就是我们之前说的王维。王维的辋川别墅，就在崔氏草堂的西边，他就是崔兴宗的邻居。事实上，他们不仅是邻居，还是亲戚，崔兴宗是王维妻子的弟弟，两个人都志趣高洁，就结伴在蓝田的东山隐居。只不过，王维还当着给事中的官儿，所以不能常常待在辋川别墅，而崔兴宗当时比较清闲，所以才能时时亲近自然。杜甫把诗结到这里，其实是借着揶揄王维，又夸奖了一下崔兴宗。这样才能跟开头的"爱汝玉山草堂静，高秋爽气相鲜新"呼应，从房子一直夸到主人。

　　说到这儿，我想再说说唐朝诗人之间的圈子。刚才说，崔兴宗是王维妻子的弟弟，也就是我们现在俗称的小舅子，所以他们经常来往，相互写诗唱和。那杜甫为什么也跟崔兴宗来往呢？因为杜甫的母亲姓崔，崔兴宗算是杜甫很远的表兄弟，所以他也经常来找崔兴宗玩儿，也给崔兴宗写诗。既然如此，王维和杜甫能不能通过崔兴宗交上朋友呢？杜甫和王维并没有什么交往。为什么呢？其实也很简单，王维比杜甫大十一岁，在那个时代几乎算是两代人了。杜甫自然知道王维，而且有点儿仰视王维，但王维却未必知道他，或者即使知道，也未必很在意他。这多像杜甫跟李白的关系呀！事实上，李白跟王维一样，也比杜甫大了十一岁。不过非常有趣的是，虽然李白跟王维是同龄人，也都名满天下，但历史上没有传下他们的故事，这恐怕就不是年龄的原因，可能是个人性格的原因吧。

　　虽然盛唐诗坛这三颗巨星没能像我们期待的那样惺惺相惜，亲密互动，但是，他们都写出了特别著名的有关秋天的诗。李白是"长安一片月，万户捣衣声。秋风吹不尽，总是玉关情"（《子夜吴歌·秋歌》），王维是"空山新雨后，天气晚来秋。明月松间照，清泉石上流"（《山居秋暝》）。杜甫呢？是"风急天高猿啸哀，渚清沙白鸟飞回。无边落木萧萧下，不尽长江滚滚来"（《登高》）。我们今天说的这首《崔氏东山草堂》，虽然谈不上名篇，但是也留下了"秋高气爽"这个成语。

我们借着杜甫的诗，谈到了"秋高气爽""天高云淡""万里无云""碧空如洗""金风送爽"等形容秋天的成语，还帮大家回顾了李白、杜甫、王维写秋天的三首诗，用一个成语形容，也算硕果累累，而这"硕果累累"，当然也是关于秋天的重要成语。

1. 形容秋天的成语有哪些呢？

2. 有关秋天的诗有哪几首呢？

欣喜若狂

　　欣喜若狂这个成语的意思大家都明白，就是高兴得仿佛发了狂，形容人高兴到了极点。比如我们可以说：听说走失了二十年的孩子找到了，这位妈妈简直欣喜若狂。

　　这个成语出自杜甫的著名诗篇《闻官军收河南河北》，诗云："剑外忽传收蓟北，初闻涕泪满衣裳。却看妻子愁何在，漫卷诗书喜欲狂。白日放歌须纵酒，青春作伴好还乡。即从巴峡穿巫峡，便下襄阳向洛阳。"

　　诗中的"漫卷诗书喜欲狂"，后来就简化成了成语"欣喜若狂"。那么，杜甫当年为什么欣喜若狂呢？这首诗的题目《闻官军收河南河北》交代得清清楚楚。官军是什么军队？是唐朝的政府

军。"河南河北"是哪里？指的是黄河的南北两岸。那是从谁手里收复的呢？从安史叛军手里。

755年，唐朝爆发了一场大动乱——安史之乱，整个北方都遭受战火涂炭，唐朝的东、西两京，也就是洛阳和长安相继失守，老百姓流离失所，杜甫一家也辗转流落到了四川。到762年，唐朝的政府军在洛阳附近打了一个大胜仗，收复河南，随即又挺进黄河以北。在官军的强大压力下，763年，安史叛军的首领史朝义自杀，他手下的将领纷纷投降，安史之乱宣告结束。所以，《闻官军收河南河北》这题目虽然只有八个字，但背后却是从755年到763年，整整八个年头的安史之乱。八年战乱结束，唐朝终于挺过了这场劫难，听到这个消息，杜甫能不高兴吗！这样的喜悦之情，怎么写出来的呢？这首诗写得太经典了。

先看首联："剑外忽传收蓟北，初闻涕泪满衣裳。""剑外"，就是剑门关以南。安史之乱中，杜甫一家辗转流落到梓州，也就是今天四川省三台县，正在剑门关的西南方向。杜甫就是在这儿，听说了官军收复河北的消息。听到之后又如何呢？杜甫一时之间泪如雨下，涕下沾襟，这就叫"初闻涕泪满衣裳"。这句诗多么传神啊！听到好消息的第一时间当然是喜悦，可是紧接着，又会想起八年的颠沛流离，悲从中来吧？不过，再难的日子终于也过去了，新的生活就要开始了，所以，诗人又转悲为喜，而且喜不自胜。就这样百转千回、悲喜交加的心情，诗人只一句"初闻涕泪满衣裳"，我们就都看懂了，也感受到了。

欣喜若狂   137

再看颔联："却看妻子愁何在，漫卷诗书喜欲狂。"回过神来，诗人就要把这个好消息分享给几年来同甘共苦的妻子儿女了，可是，回头一看，妻子和儿女的脸上早已挂满笑容。是啊，这个消息，本来就是大家一起听到的，诗人既然狂喜，妻子和儿女又怎么可能无动于衷呢？几年来压在全家心头的愁云惨雾一扫而光，大家都聚在一起，笑逐颜开。亲人的喜悦又增加了诗人的喜悦，他抓起平时珍重的诗书，胡乱地把它们卷了起来。那可能有人不明白，书怎么还要卷呢？因为唐朝的书还不是我们熟知的线装书，而是卷轴装，看的时候，要像画卷一样展开，看完再卷起来，用丝带系好。可是诗人既然狂喜，就没有办法像平时那样把书仔细收好了，他胡乱地把它们卷成一卷儿，这就叫"漫卷诗书喜欲狂"，一个漫卷的动作，就把这种欣喜若狂的心情表达清楚了。

问题是，漫卷诗书是要干什么？看颈联："白日放歌须纵酒，青春作伴好还乡。"原来，漫卷诗书是在收拾行李呀。胜利了，诗人第一个想到的事情就是回家。怎么回呢？他要唱着歌回，他要喝着酒回，他要在铺天盖地的春色里、自由自在地回。这就是"白日放歌须纵酒，青春作伴好还乡"。"白日放歌""青春作伴"，这是何等狂喜的心情啊！

那具体怎么走呢？尾联告诉我们了："即从巴峡穿巫峡，便下襄阳向洛阳。"这就是诗人在头脑里勾画的回乡线路啊。一联诗句，诗人连续用了四个地名：巴峡与巫峡，襄阳与洛阳。这样把地名镶嵌进诗里并不容易吧？在杜甫之前，我们只记得李白的名篇《峨眉山月歌》："峨眉山月半轮秋，影入平羌江水流。夜发清溪向三峡，思君不见下渝州"。那是五个地名连用，真是说不尽的风流。可是，李白这五个地名还分在四句诗里，杜甫更厉害，四个地名，就嵌进两句诗中，多难驾驭啊！可是，我们读起来又觉得那么流畅，丝毫不觉得刻意。这四个地名从四川走到湖北，再从湖北走到河南，彼此之间都有漫长的距离吧？但是，诗人用"从""穿""下""向"四个动作，一下子把它们串联到一起，好比电影镜头一样，一个个地点飞驰而过，有如大江放舟，平原走马，真是酣畅淋漓，痛快至极。而这种欢快明朗的节奏和一泄如注的气势，又正好呼应了诗人"欣喜若狂"的心情。这才是一首形神兼顾的好诗。一种喜悦的心情，杜甫从自己的角度写，从妻儿老小的角度写，从现在的角度写，还要从未来的角度写。大家想一想，我们写作文、写文案，是不是也可以学习一下杜甫这种多角度、多侧面的写法？

说到这里，我想再跟大家分享一下有关喜怒哀乐这几种情绪的成语。"喜"，我们刚才已经用了很多，有悲喜交加，有喜不自胜，有欢天喜地，还有欣喜若狂。"怒"呢？有怒气冲冲，有怒不可遏，有怒发冲冠，还有怒火冲天。"哀"呢？有哀而不伤，有生荣死哀，有哀兵必胜，还有哀感天地。"乐"呢？有自得其乐，有助人为乐，有其乐融融，还有乐不可支。

大家有没有想过，"喜"和"乐"之间，"怒"和"哀"之间，到底是什么关系呢？简单来讲，"喜"和"乐"是近义词，但是，"喜"这个词更大，感情更强烈。而"乐"这个词更小，感情更平和。同样，"怒"和"哀"也有相似之处，"怒"更大，感情更外露；"哀"更小，感情更内敛。这样看来，"喜"和"怒"是一对反义词，而"乐"和"哀"是一对反义词。大家使用成语的时候，一定要注意把握好度。比如我们可以说"荡秋千让我自得其乐"，但是不应该说"荡秋千让我欣喜若狂"。

1. "欣喜若狂"出自一首怎样的诗呢？展开讲讲。

2. 表达喜怒哀乐的成语有哪些呢？

窃窃私语

　　这一篇跟大家分享一个关于声音的成语，叫窃窃私语，意思是两个人在一起小声说悄悄话。比如我们可以说：老师都开始讲课了，他俩还在窃窃私语，真不应该。

　　大家知道吗，这个成语最开始可不是形容人说悄悄话，而是形容音乐的旋律。它出自唐代大诗人白居易的《琵琶行》："大弦嘈嘈如急雨，小弦切切如私语。嘈嘈切切错杂弹，大珠小珠落玉盘。"什么意思呢？琵琶大弦的声音又重又浊，有如暴风骤雨；小弦的声音又轻又细，有如窃窃私语。嘈嘈声和切切声交错地拨弹，就像大珠小珠一串串掉落在玉盘。这四句诗在中国历史上非常有名气，因为它写声音写得太传神了。仅仅四句诗，就产生了三个成语，而且，这三个成语都跟声音有关。

第一个，"窃窃私语"，意思是小声说话。我们可以说：淅淅沥沥的小雨，有如少女的窃窃私语。第二个，嘈嘈切切，这是一个象声词，形容声音喧闹。比如我们可以说：到黄昏，雨又下起来了，嘈嘈切切，像春蚕在咀嚼桑叶。第三个，珠落玉盘，意思是珍珠落在玉盘里，形容声音十分动听。比如我们可以说：歌唱家一开口，就像珠落玉盘，马上博得了满堂喝彩。

大家觉得，"窃窃私语""嘈嘈切切"和"珠落玉盘"，哪一种声音更美呢？其实各有各的美，但是，从境界上讲，都不如白居易接下来的那句诗："别有幽愁暗恨生，此时无声胜有声。"我们中国的哲学讲究辩证法，老子曾经说过："大音希声，大象无形。"什么意思呢？最好的声音就是没有声音，最好的形象就是没有形象。因为一有声音，你就被这个声音拘束住了，也就不能听到别的声音。同样，一有形象，你就被这个形象拘束住了，也就不能看到其他形象。相反，如果没有声音，你就可以想象任何声音；没有形象，你也可以想象任何形象。

就拿白居易的《琵琶行》来说吧。白居易在浔阳江头送别客人，见到了这位琵琶女。琵琶女为白居易弹起了琵琶，白居易先是听到了大弦嘈嘈如急雨，又听到了小弦切切如私语。接着，又听到了嘈嘈切切错杂弹，这些声音都很好，都能打动人心，但是，当琵琶女忽然停了下来，一切声音都没有了的时候，诗人反倒觉得，内心先是空了，紧接着，又百感交集，这就是"别有幽愁暗恨生，此时无声胜有声"。这种声音的留白，其实胜过了一切喧嚣。

大家可能会好奇，白居易是个大诗人，怎么还会对声音那么敏感，对音乐那么内行呢？因为唐代的诗好多都是配乐演唱的，诗人同时也是音乐家。

大家可能都听说过"旗亭画壁"的故事。据说，唐代的三位边塞诗人，王之涣、王昌龄和高适是好朋友，经常在一起游玩儿。有一天，天降大雪，三个人就一起到旗亭，也就是插着酒幌子的小酒馆躲雪喝酒。正好有一群梨园的乐师和四个漂亮的歌伎也上来躲雪。他们有的弹有的唱，唱的都是当时的流行曲调。三位诗人就相约道，咱们三人不是一直难分高下吗？今天就在这里赌一赌，看这些人唱谁的诗多，谁就是诗王。这边说着，那边一个乐师就唱起来了："寒雨连江夜入吴，平明送客楚山孤。"这是王昌龄的《芙蓉楼送辛渐》啊！王昌龄很得意，立刻在墙上画了一道。接着，又一个乐师唱上了："开箧泪沾臆，见君前日书。"这是高适的《哭单父梁九少府》，高适也画了一道。接着，第三个乐师又唱道："奉帚平明金殿开，且将团扇共徘徊。"这是王昌龄的《长信宫词》，王昌龄又往墙上画了一道。面对此情此景，一首诗都没被唱到的王之涣坐不住了，他说："那些人都是潦倒的乐师，没有艺术品位，他们唱什么都不重要。我不赌他们，我就赌那四位歌伎之中最美的姑娘，她如果也不唱我的诗，我终生不再跟你们叫板，但是，如果她唱我的诗，你们两位就要拜我为师！"正说着，那位最漂亮的歌伎终于展开歌喉："黄河远上白云间，一片孤城万仞山。羌笛何须怨杨柳，春风不度玉门关。"这是王之涣的《凉州词》啊，咱们今天的小学课本都选了这首诗。漂亮歌伎一开口，三位诗人哄堂大笑。他们这么一笑，可把歌伎和乐师都笑蒙了，赶紧问怎么回事儿。等王之涣他们把来龙去脉一说，他们纷纷拜倒在地："我们有眼不识泰山，整天唱歌，却不知道词作者就在眼前！"随后，诗人就和他们坐在了一起，大醉而归。

这个故事记载在唐朝的一本笔记小说《集异记》里，它不见得是真的，但编得真好，一下子就让我们对唐诗和音乐的关系一目了然。事实上，唐朝的诗人也罢，宋朝的词人也罢，都懂音乐，甚至精通音乐，所以，他们才能写出那么富有韵律感的诗，也才能对音乐有那么高的品位。

我们再回到"窃窃私语"这个成语上来。"窃窃私语"的近义词是什么？是交头接耳。比如我们一开始举的那个例子："老师都开始上课了，他俩还在窃窃私语，真不应该。"这个句子中的"窃窃私语"也可以换成"交头接耳"："老师都开始上课了，他俩还在交头接耳，真不应该。"可是，就算是近义词，也还是有区别。"窃窃私语"和"交头接耳"的区别在哪里呢？

有两个区别很重要。第一，"窃窃私语"强调的是声音，是声音很轻很微弱；而"交头接耳"强调的是动作，是头和头凑在一起，嘴巴和耳朵凑在一起。第二，"窃窃私语"是中性词，没有什么感情色彩；而"交头接耳"更倾向于贬义。比如我们经常会听老师说：上课时不许东张西望，也不许交头接耳。

说完近义词，再说反义词。"窃窃私语"的反义词是什么？是高谈阔论，也可以说是侃侃而谈。"窃窃私语"是小声说，"高谈阔论"和"侃侃而谈"是大声说；"窃窃私语"是私下说，"高谈阔论"和"侃侃而谈"是公开说。我们可以想象这么一个场景：两家人一起出去玩儿，两位妈妈"窃窃私语"，两位爸爸"侃侃而谈"，两个小朋友呢，开始还只是悄无声息地跟着走，后来混熟了，很快就爆发出震耳欲聋的叫声和笑声。我们何妨用最确切的成语，描摹一下这最温馨的生活呢！

温故而知新

1. 与声音有关成语有哪些呢？

2. "旗亭画壁" 是一个怎样的故事呢？

3. "窃窃私语" 的近义词和反义词分别是什么？

司空见惯

司空见惯这个成语的意思是说，某某事情很常见，不足为奇。比如小学语文课本里是这么用的："纵观千百年来的科学技术发展史，那些定理、定律、学说的发现者、创立者，差不多都善于从细小的、司空见惯的现象中看出问题，不断发问，不断解决疑问，追根求源，最后把'？'拉直变成'！'，找到了真理。"我们也可以说：冬天下雪，大家当然是司空见惯，但是有谁见过夏天的雪呢？

有人会有疑问，我能理解"见惯"就是常见，但为什么是"司空见惯"呢？"司空"是什么呀？"司空"是个官名。我们中国古代有三个最尊贵的官职，分别是"司徒""司马"和"司空"，合称"三公"。在中国历史上的大多数时代，"三公"都是虚衔，用来加给那些

地位显赫的大臣。那"司空"是怎么和"见惯"联系在一起的呢？

这个成语出自唐朝诗人刘禹锡的一个小故事。当年，刘禹锡受邀去吃饭，请他吃饭的人叫李绅，就是我们熟悉的《悯农》诗的作者。别看李绅会写"锄禾日当午，汗滴禾下土。谁知盘中餐，粒粒皆辛苦"，但李绅可不是农民，相反，他仕途亨通，一直做到了宰相。中国古代地位显赫的大臣往往加"三公"的头衔，李绅当时就加了"司空"的头衔，号称李司空。李司空请刘禹锡吃饭。刘禹锡又是何许人呢？我们现在提到刘禹锡，都知道他是"诗豪"，会写"东边日出西边雨，道是无晴却有晴"这样的竹枝词，也会写"晴空一鹤排云上，便引诗情到碧霄"这样的豪迈诗篇。

但刘禹锡可不仅仅是诗人，当年，他刚刚登上唐朝历史舞台的时候，还是个热血沸腾的政治家，和一些志同道合的人一起，搞了一次号称"永贞革新"的改革。可惜，"永贞革新"不到一年就宣告失败，刘禹锡也因此被贬到偏远的南方，受尽了人间的磨难，直到晚年才调回江南，当上了苏州刺史。这次饭局，就在刘禹锡当苏州刺史的任上。

这顿饭吃得相当讲排场，不仅有山珍海味，还有歌伎在旁边唱歌侑酒。其实，这也是古代上层社会的常态，我们不是经常使用一个成语叫钟鸣鼎食吗？按照传统，古代贵族一边吃饭，一边还要演奏乐器。李绅是司空，当然也是这么招待刘禹锡的。那么，刘禹锡怎么回报李绅的盛情呢？俗话说"秀才人情纸半张"，李白喝了汪伦的酒要写一首《赠汪伦》，同样，刘禹锡吃了李司空的饭，也写了一首诗，不过，他的诗并不是赠给李司空本人，而是赠给了李司空手下的一个歌伎，诗题就叫《赠李司空妓》，诗云："高髻云鬟宫样妆，春风一曲杜韦娘。司空见惯浑闲事，断尽苏州刺史肠。"意思是说：你梳着高高的发髻，打扮成宫里的俏丽模样。一曲杜韦娘，被你唱得仿佛春风荡漾。李司空见惯了这样的场景，全然不当一回事儿，你可知道，你可知道，你揉碎了我这个小小苏州刺史的柔肠！这就是"司空见惯"这个成语的出处。意思就是习以为常，见怪不怪。

刘禹锡这首诗到底表达了什么感情呢？好多词典都解释说，这是刘禹锡在讽刺李绅奢侈过度，还说"断尽苏州刺史肠"是指自己非常难过，肠子都要断了。是不是呢？我觉得不是。这就是在夸人啊，一方面是夸歌伎色艺俱佳，另一方面也是抬举李绅，说他见过大世面，无论什么在他这里都是"司空见惯浑闲事"。这就跟《红楼梦》里，刘姥姥吃鸽子蛋的时候也要凑趣说"城里的鸡长得俊，下的蛋也小巧"，是一个道理，根本不是讽刺。

那既然不是讽刺，为什么还要说"断尽苏州刺史肠"呢？难道不是看见李绅奢侈，让刘禹锡感到很难过吗？当然不是。中国古代，"断肠"有两种含义，一种含义是指伤心到了极点，比如有一个成语叫肝肠寸断，就是伤心到极致的意思。但是，它还有另外一个意思，是指销魂，也就是打动人心，比如我们知道的一个成语荡气回肠，就是指打动人心。那落实到这句诗，"断尽苏州刺史肠"到底是伤心还是动心？当然是动心。刘禹锡是说：你这么美，又这么好，李司空见多了，都麻木了，但是，你可一下子就打动了我这个没见过世面的小刺史的心啦！这才是"司空见惯浑闲事，断尽苏州刺史肠"。

其实，这首诗后来还有个结局。据说，李绅看了刘禹锡的诗之后哈哈大笑，随即就把这位歌伎送给了刘禹锡。这样的事情，我们今天看了会觉得非常不合适，怎么把一个好好的姑娘送来送去，难道一个大活人也能成为礼物吗？但是在古代人看来，一个歌伎就像一匹马、一件衣服一样，是可以送人的，这就叫"司空见惯"，甚至还是风流佳话呢。这就是古今的不同，也是今天比古代文明的地方。

回到"司空见惯"这个成语上来。"司空见惯"的近义词是什么？我们刚才在使用过程中已经使用过两个了，一个是习以为常，另一个是不足为奇，此外还有熟视无睹、屡见不鲜，意思也都和"司空见惯"相近。"司空见惯"的反义词又是什么呢？我们经常使用的有见所未见、闻所未闻、鲜为人知等。

除了这些，还有一个来自唐诗的成语，也能成为"司空见惯"的反义词。哪个成语呢？前无古人。出自陈子昂的《登幽州台歌》："前不见古人，后不见来者。念天地之悠悠，独怆然而涕下。"往前看不到先贤啊，往后也看不见来者。一想到天地是如此的无穷无尽，我就忍不住倍感伤怀，泪如雨下。这首诗后来演化出一个成语"前无古人"，意思就是前所未有。"司空见惯"是指见多了，"前无古人"是指以前从来没见过，这不就是反义词吗？比如我们可以说：牛顿就是从苹果落地这个司空见惯的现象中，悟出了一个前无古人的道理——地球引力。

温故而知新

1. "司空见惯"来自一个怎样的小故事?

2. "司空见惯"的近义词有哪些?

车水马龙

车水马龙这个成语的意思是说，车如流水，马如游龙，形容车马往来不断，热闹非凡。比如我们可以说：校门口的大街上车水马龙，同学们出门一定要注意安全。

这个成语最早出自《后汉书·皇后纪·明德马皇后》。马皇后是伏波将军马援的女儿，东汉明帝的皇后，又是汉章帝的母亲，家世地位非常显赫。汉章帝的时候，天下大旱，有人为了讨好马太后就说，这都是不封外戚的缘故。汉章帝觉得有道理，就打算分封自己的几个舅舅。按说，这对马太后来讲是一件好事，没想到她断然拒绝了。马太后说："外戚们已经很富贵了，我前几日路过濯龙门的时候，看见去娘家问候起居的车排起了长队，车如流水，马如游

龙，他们如此招摇，怎么能再加官晋爵呢？"这句话中的"车如流水，马如游龙"其实是"车水马龙"的最早出处。

不过，真正让大家对这句话印象深刻的，还不是《后汉书·皇后纪·明德马皇后》，而是南唐后主李煜的一首《望江南》。词云："多少恨，昨夜梦魂中。还似旧时游上苑，车如流水马如龙。花月正春风。"我有多少遗恨呀，都在昨夜的梦魂之中。梦中的我还是故国的君主，正在上苑游乐，车子接连不断如同流水，马匹络绎不绝仿佛游龙。花好月圆，我也沉醉在春风之中。在这里，李煜把"车如流水，马如游龙"简化成了"车如流水马如龙"。那他为什么要这样简化呢？这是《望江南》的词牌决定的。

《望江南》又叫《忆江南》，也叫《江南好》，或者《梦江南》，是二十七个字的小令，句子结构就是三、五、七、七、五。大家可能都熟悉白居易的那首《忆江南》："江南好，风景旧曾谙。日出江花红胜火，春来江水绿如蓝。能不忆江南？"就是这样三、五、七、七、五的结构。这样一来，八个字的"车如流水，马如游龙"就被压缩成了"车如流水马如龙"，后来又简化成了"车水马龙"，成了一条成语。

为什么李煜这首词给我们的印象如此深刻呢？因为这首词之中，哀和乐的对比太强烈了。这首小词中，哪一部分是写乐的？"还似旧时游上苑，车如流水马如龙，花月正春风。"整个主体部分都在写乐，而且是三重快乐吧？游上苑是一重，车水马龙又是一重，花月春风还是一重。这三重快乐叠加在一起，也就成了三倍的快乐，谁会不喜欢呢？那哀又在哪里呢？哀在这一切快乐都不是现实，而是在"昨夜梦魂中"。这其实就是我们经常说的以乐写哀，先前的快乐越多，后面的悲哀也就越深。

那李煜为什么会有这样乐极生悲的心情呢？这背后还有一段从五代十国的分裂到北宋重新统一的大历史。

唐朝灭亡之后，中国重新陷入了南北分裂的局面，北方的中原是梁、唐、晋、汉、周五个王朝更迭，称为"五代"。南方是若干个小国家并存，称为"十国"。后来，到了960年，北方出现了一个了不起的政治家，叫赵匡胤，他黄袍加身，夺了后周的皇位，建立了大宋王朝，随即准备挥师南下，统一中国。赵匡胤要统一南方，最大的敌人就是南唐。南唐建都江宁，也就是今天的江苏南京，地跨今天的江西、安徽、江苏、福建、湖北和湖南的一部分，在南方各国之中领土最大，也最富裕。两雄相争，本来是有一仗好打的。可惜，当时南唐的统治者是后主李煜。李煜精通音律、诗词、书法，差不多精通一切艺术，唯独不精通治国理政。即使宋朝那边已经在厉兵秣马，他这边照样是车如流水马如龙，花月正春风。结果怎么样呢？开宝八年，也就是975年，宋朝的大军兵临城下，李煜赤裸着上身出城投降，被押解到北宋的都城汴梁，成了阶下囚。就是在这种情况下，李煜写下了无限辛酸的《望江南》，这才有了这句形象生动的"车如流水马如龙"。

重新回到成语上来。"车水马龙"现在一般用来形容城市的繁华生活，除此之外，还有哪些词语可以表现城市的繁华呢？那就先思考一下城市生活的特色吧。城市有哪些特点呢？第一，楼高。第二，人多。第三，灯亮。第四，交通繁忙。形容楼高的成语是什么？如果形容古代的楼，那叫龙楼凤阙或者玉楼金殿；如果形容今天的楼，那就叫高楼大厦。比如我们可以说：这个地方，一看就是刚刚开发的新区，起了那么多高楼大厦。形容人多的成语是什么？有两个成语都非常好用，一个叫摩肩接踵，另一个叫熙熙攘攘。"摩肩接踵"就是肩碰着肩，脚挨着脚，形容拥挤。"熙熙攘攘"又叫熙来攘往，就是人来人往的意思，形容热闹。比如我们可以说：快过年了，市场里熙熙攘攘，每个人都是大包小包，尽情采购年货。当然，如果这两个成语你都觉得还不够通俗，还有一个更现成的成语，叫人山人海。比如我们可以说：假期一到，西湖的断桥上人山人海，真要把桥压断了。

形容灯亮的成语是什么？你可以说灯火辉煌，也可以说灯光璀璨，还可以说流光溢彩。比如我们可以说：城市是没有夜晚的，哪怕到了深夜，大街小巷照样灯火辉煌，流光溢彩。形容交通繁忙的成语是什么？除了"车水马龙"，还可以说川流不息。比如我们可以说：城里可不比乡下，车子川流不息，你一定要看好红绿灯再走路。

说了这么多表现城市繁华的成语，我们可以整体造一个句子了。比如我们可以说：到北京之后，我已经逐渐习惯了车水马龙的街道，习惯了街上摩肩接踵的人流，也习惯了跟着人流，走向一座又一座灯光璀璨的高楼大厦。但是偶尔，在夜深人静的时候，我还是会想起那远在千里之外的老家，想起它鸡犬相闻的白天，也想起它万籁俱寂的夜晚。这样的对比是不是很鲜明呢？

温故而知新

1.哪些词语可以表现城市的繁华呢？

2.形容灯亮的成语有哪些？

胸有成竹

在文学方面，我们历来把唐诗宋词放到一起，代表唐宋文学的最高成就。其实，唐宋时期在文学领域还有一大成就，那就是散文。在古代，所谓散文又叫古文，就是指不押韵，也不重视排比、对偶的文章。中国历史上大名鼎鼎的"唐宋八大家"就是散文八大家，分别是唐代的韩愈、柳宗元，宋代的欧阳修、苏洵、苏轼、苏辙、王安石和曾巩。

这一篇，我跟大家分享一条来自唐宋散文的成语，叫胸有成竹，意思是说做事之前，都已经有了完整的计划和想法，所以能气定神闲、稳操胜券。我们小学语文课本中这个成语是这么用的："齐国的将领田忌和齐国公子赛马，请军事家孙膑帮忙。孙膑预先

想好了让上马对中马、中马对下马、下马对上马的策略，然后胸有成竹地说'将军请放心，按照我的主意办，一定能让您赢'。"我们也可以说：考试之前，他已经复习了好几遍功课，怪不得一副胸有成竹的样子。

这个成语出自大文豪苏轼的一篇散文，叫《文与可画筼筜（yún dāng）谷偃竹记》。文与可是谁呢？文与可姓文，名同，字与可，是苏轼的表兄，也是苏轼的好朋友。此人特别喜欢竹子，也特别擅长画竹子。他在哪里画竹子呢？在筼筜谷。筼筜谷是一个地名，在宋朝的洋州，也就是今天陕西省的洋县。"筼筜"两个字都是"竹"字头，是一种很高大的竹子，洋县有一条山谷盛产这种竹子，所以就叫筼筜谷。当年，文与可在洋州当刺史，经常到筼筜谷看竹子、画竹子。那"偃竹"又是什么意思呢？所谓"偃"就是倒下的意思，"偃竹"就是起伏的竹子，也就是说，不是直挺挺地向上生长，而是疏影横斜、很有美感的竹子。当年，文与可在筼筜谷画了一幅偃竹图，送给了苏轼，后来，文与可去世了，苏轼睹画思人，就写下了这篇《文与可画筼筜谷偃竹记》。

在这篇文章里，苏轼提到文与可曾经告诉过他，竹子在还是竹笋的时候，就已经有节有叶，有竹子的全部特质了。可是现在的人画竹子，根本不关注竹子的整体，而是一节一节地往上接、一叶一叶地往上堆，这样怎么能画得好呢？那应该怎么画呢？他说："画竹必先得成竹于胸中。"要想画竹，首先心里一定要有完整的竹子，一旦拿着笔来，仿佛就能看到自己要画的竹子。这个时候要迅速落笔，捕捉内心看到的形象，而且一定要像兔子跳起、猛禽扑击下去一样快，否则，这个形象就稍纵即逝了。很明显，文与可也罢，苏轼也罢，都不是只讲竹子，而是在讲自己对绘画的主张。

中国画主要分成两大类。一类是工笔画，就是一笔一画地精描细抹，崇尚写实，比如大名鼎鼎的《清明上河图》，连街上店铺的招牌都画得清清楚楚。还有一类是写意画，也叫文人画。文人画可不主张一笔一画地写实，而是主张意在笔先，强调神似。什么人擅长工笔画呢？画院里的画师最擅长，因为他们从小就学画画，技巧性很高。什么人擅长文人画呢？当然是文人最擅长。虽然文人的绘画技巧不那么高，但是他们内心有精神，他们反对一笔一画地描画形象，他们主张要让画来反映他们的内心世界，就好像这幅画不是用笔画出来的，而是从他们心里流出来的一样。文人画的开山鼻祖是唐朝大诗人王维，他被誉为"诗中有画，画中有诗"。这个评价是谁说的？就是苏轼说的，因为苏轼本人也是诗、书、画三绝，是文人画基本理论的建立者和实践者。

文人画要反映文人的精神，那文人的精神到底是什么呢？我们中国古代的文人认为，梅、兰、竹、菊这四种花木，就代表了文人的精神。比如红梅傲雪，代表文人的傲骨；幽兰生于空谷，无人理会也照样吐露芬芳，代表文人的孤芳自赏；菊花晚开，不与群芳争艳，代表文人的隐士情怀；而竹子呢？竹子有节呀，代表着文人的节操。郑板桥那首题画诗《竹石图》说得好："咬定青山不放松，立根原在破岩中。千磨万击还坚劲，任尔东西南北风。"这个在狂风中挺立的竹子，就代表着文人的风骨与精神。其实，不光郑板桥爱竹子，苏轼也爱竹子，他说："宁可食无肉，不可居无竹，无肉令人瘦，无竹令人俗。"有这样的情怀，他才跟着文与可学习画竹子，而且，还借着竹子，提出了自己关于绘画的主张。这个主张是什么呢？就是"胸有成竹"。

回到成语上来。当年，"胸有成竹"是讲画画的，可是后来，它的意思就不局限在画画上了，而是指事先考虑清楚，准备充分，一切尽在掌握之中。这个成语说得太好了，所以又演化成了成竹在胸、胸有成略、胸有成算等。这些都是"胸有成竹"的近义词，也都是从"胸有成竹"这儿发展出来的。

再说反义词。"胸有成竹"的反义词是什么？其实就是胸无成竹。这个成语是清朝最擅长画竹子，也最擅长写竹子的郑板桥说的。郑板桥说："文与可画竹，胸有成竹；郑板桥画竹，胸无成竹。"郑板桥为什么要和文与可唱反调呢？他是想说，如果太过于胸有成竹，那就会一切尽在掌握中，反倒就没有创新了，相反如果胸无成竹，也就是心中没有定见，反倒容易挥洒自如，生动活泼。这样看来，郑板桥用这个"胸无成竹"其实是打了引号的，是个褒义词，表示没有成见，不受拘束。但是后来，人们就直接用它的本意了，就指心中没有计划，做事没有安排。比如我们可以说：这人是个花花公子，既胸无成竹，又胸无点墨，别看现在趾高气扬，总有一天会一败涂地。

说一个人事先有主意有安排，叫胸有成竹，它对应的是一个好的结果——胜券在握。说一个人心里没主意没安排，叫胸无成竹，它对应的是一个坏结果——一败涂地。学习也罢，做事也罢，我们都需要一个立场，一种态度，让它成为自己的人生指南。

温故而知新

1. "胸有成竹"的近义词和反义词分别是什么呢?

2. 中国古代的文人精神到底是什么呢?

元明清

摩拳擦掌

　　如果说，先秦的成语大多数都是从诸子百家中来的，唐宋的成语好多都是从诗词中来的，那么，元、明、清的成语则往往从小说中来。因为我们讲文学史，一般都会说，先秦散文、汉赋、唐诗、宋词、元曲、明清小说。明、清两朝，成就最突出的就是小说，广为人知的四大名著，就出现在明清时期。这些小说都孕育了大量成语。可能有人会说，明清小说固然成就很大，但为什么把元朝也放在里头呢？因为元朝最有代表性的成就是戏剧，也就是元杂剧。我们熟悉的关汉卿、马致远、郑光祖、白朴，都是杂剧创作的大家。杂剧讲人生的酸甜苦辣，悲欢离合，这种讲人物、讲故事的剧本发展下去，不就是小说吗？所以，我更愿意把元、明、清三朝放在一起，放在小说这个大的话题之下，讲从小说中产生的成语。

这一篇，要跟大家分享的成语是摩拳擦掌，形容战斗或劳动之前，人们精神振奋、跃跃欲试的样子。例如小学课文里："田忌和齐威王的对阵就要开始了。比赛双方摩拳擦掌，跃跃欲试。"比如我们还可以说：奥运会的赛场上，运动员们个个摩拳擦掌，准备大战一场。

这个成语出自元朝康进之的杂剧《李逵负荆》。梁山泊下有两个恶棍，一个叫宋刚，另一个叫鲁智恩。这两个人的名字怎么那么像宋江和鲁智深呢？没错，他们俩就在江湖上冒充宋江和鲁智深，还掳走了山下杏花庄酒店店主的女儿满堂娇。正好李逵下山买酒，听说此事，勃然大怒，回山砍倒杏黄旗，大闹忠义堂，要杀宋江和鲁智深。宋江和鲁智深赶紧跟他一起去酒店对质，这才知道有歹徒冒名作恶。真相大白，李逵背上一捆荆条，到宋江面前负荆请罪，然后又将功补过，和鲁智深一起把冒名顶替的歹徒擒拿归案。看过《水浒传》的朋友可能会说，这不就是《水浒传》里的情节吗？《水浒传》第七十三回"黑旋风乔捉鬼，梁山泊双献头"，讲的就是这个故事。的确，《水浒传》这部分内容就是从《李逵负荆》移植过来的，从这里，我们也可以看出元杂剧和明清小说的关系。

我讲这个故事，到底跟"摩拳擦掌"有什么关系呢？就在这出戏的第二折中，李逵有这么一句唱词："俺可也摩拳擦掌，行行里按不住莽撞心头气。"这就是"摩拳擦掌"的最早出处。李逵为什么摩拳擦掌？就是因为听说宋江强抢民女。大家都知道，李逵是宋江的忠实拥护者，一直唯宋江马首是瞻，但他不是那种不问是非的人，无论偶像干什么都叫好。相反，李逵最有正义感，一向疾恶如仇，就算是宋江，只要干了坏事，也要吃他的板斧。所以他才摩拳擦掌，要找宋江算账。

这个成语太形象了，一下子就把李逵捋胳膊挽袖子那个劲头给表现出来了。也正因为这个成语形象，在元杂剧和明清小说里，只要写英雄，写打仗，通常都会用到这个成语。比如元朝最有名的剧作家关汉卿，曾经写过一出杂剧《单刀会》，讲关公单刀进入孙吴大营，会见鲁肃的英雄故事。在这出戏里，关公有一句唱词："不是我十分强，硬主张，但题起厮杀呵，摩拳擦掌。"一提到厮杀，不仅李逵，连关公也是摩拳擦掌。这出戏后来也被罗贯中吸收，成了《三国演义》里的精彩情节。

其实，罗贯中不仅从元杂剧里吸收了不少故事，连"摩拳擦掌"这个成语也吸收了。在《三国演义》第四十九回"七星坛诸葛祭风，三江口周瑜纵火"中就用到了这个成语。这一回讲借东风的故事。诸葛亮为什么要借东风？因为在赤壁之战中，孙刘联军要跟曹操的八十万大军对垒，周瑜制定了一个火攻的方案。火攻当然不错，只可惜当时是冬天，刮西北风。在这种条件下放火，不仅烧不到北岸的曹军大营，反倒会烧到自己。只有刮起东风，才能达到火烧连营的目的。这就叫"万事俱备，只欠东风"。在这种情况下，诸葛亮微微一笑，说"包在我身上"，然后就真的借来了东风。那周瑜呢？周瑜这边其实是战斗主力，所以他发出号令，只等东风一起，就放起火来。他这个命令一颁布，将士们怎么样？《三国演义》说："众兵将得令，一个个磨拳擦掌，准备厮杀。"正是有了诸葛亮的神机妙算和孙刘联军将士们的摩拳擦掌、奋勇杀敌，火烧赤壁才一举成功，奠定了魏蜀吴三家鼎足而立的局面。

我举了这么多例子，大家肯定明白了，"摩拳擦掌"是个形容动作的成语，特别适合用在运动、劳动或者战斗场面中。我们中国的成语中，就有这么一类动作感很强的成语。比如摇头晃脑、指手画脚、张牙舞爪、披头散发。这些成语有一个特点，都是由一个动词加一个身体部位，然后再接一个动词加一个身体部位构成的。我们一看到这些成语，就能够想象出这些动作，而且还能想象出动作背后的心情。比如"摇头晃脑"，我们一看就知道，这是很陶醉、很得意的样子；那"指手画脚"呢，就是对别人指指点点，很放肆的样子；"张牙舞爪"呢，是很凶恶、很嚣张的样子；而"披头散发"，则是疯疯癫癫，很狼狈的样子。

这样的成语，只要你照着它描述的动作一比画，立刻就明白是什么意思了。这些成语很多都出自小说。跟出自唐诗宋词的成语相比，这些成语不怎么文艺，但是很生动，很鲜活，有一种跃然纸上的感觉，这也正是出自小说中的成语的一大特色。

1."摩拳擦掌"出自哪里呢?

2.形容动作感很强的成语有哪些,它们有什么特点呢?

大街小巷

　　我们学习了出自元杂剧的成语，接下来该讲到明清小说了。明清小说那么多，从哪儿讲起呢？明清小说的代表性成果是四大名著，我们就从四大名著说起。

　　四大名著是指哪四本书呢？第一本是《水浒传》，作者是施耐庵，写作时代是元末明初，可能更偏元朝一点儿。因为现在一般都认为，施耐庵在明朝建立的第三年就去世了，可想而知，他写小说的时间应该更早一些。第二本是《三国演义》，作者是罗贯中，一般认为，罗贯中是施耐庵的学生，所以也是元末明初的作品，但是恐怕更偏明初一点儿。第三本是《西游记》，作者是吴承恩，吴承恩是明朝嘉靖年间的人，和大清官海瑞属于同一个时代，所以《西游记》属于明朝中后期的作品。第四本是《红楼梦》，作者是曹雪芹，一生横跨康熙、雍正、乾隆三朝，所以，《红楼梦》是清朝康乾盛世时代的作品。

我就按照四大名著的成书顺序，先跟大家分享一个出自《水浒传》的成语，叫大街小巷。可能有人不理解，《水浒传》讲的是梁山好汉冲州过府、替天行道的故事，讲《水浒传》里的成语，不讲逼上梁山，不讲飞檐走壁，怎么倒讲起"大街小巷"来了呢？因为我们这本书叫《顺着历史学成语》，就算讲成语、讲小说，我们也得了解它的时代背景才行。就比如《水浒传》虽然是元末明初的人写的，但它讲的是北宋年间的故事。而北宋年间的时代背景，除了有水泊梁山这样三不管的乡野之地，还有大街小巷纵横的繁华市井。所以，"大街小巷"也正是水浒英雄们往来厮杀的场所。

《水浒传》用这个成语，是在第六十六回"时迁火烧翠云楼，吴用智取大名府"里。书里是这么写的："正月十五日上元佳节，好生晴明。黄昏月上，六街三市，各处坊隅巷陌，点放花灯。大街小巷，都有社火。"很明显，在这里，"大街小巷"就是指大名府的各条街道。推而广之，这个成语也用来形容城市里的各个地方。比如我们都知道的那首歌曲《恭喜恭喜》："每条大街小巷，每个人的嘴里，见面第一句话，就是恭喜恭喜。"这首歌现在都当作拜年歌了，其实它是 1945 年为庆祝抗日战争胜利创作的，在这首歌里，"每条大街小巷"，其实就是指城市的各个地方。

我不知道有没有人感到疑惑，为什么是"大街小巷"，而不是

"小街大巷"呢？这就涉及我们中国古代的城市规划了。中国古代的城市，唐以前基本是里坊制，宋以后基本是街巷制。里坊制和街巷制的区别是什么呢？围墙是一个很关键的因素。在里坊制的时代，整个城市划分成若干个居民区，这些居民区就叫里或坊。比如唐朝的首都长安城，就有一百零八个坊。每个坊都用坊墙围起来，早晨开门，大家出来行走；晚上关门，就只能在坊内活动了。这个时候，从外面看，就只能见到一堵堵的墙。在这种情况下，人们就规定，坊和坊之间四通八达的大路称为街，坊里面的弯弯曲曲的小路称为巷。到了宋以后，把各个坊的坊墙都拆了，大家无论白天黑夜都可以随意走动，里坊制就变成街巷制了。但是，街巷的叫法不变，原则也不变，还是主要的街道称为街，次要的小路称为巷。既然是直为街曲为巷，大者为街小者为巷，那么，我们只能说"大街小巷"，绝对不能说"小街大巷"。

《水浒传》里讲的不正是宋朝的事情吗？那个时候已经是街巷制了，所以书中提到"大街小巷都有社火"，也就是说，元宵节那天，大名府到处都在舞狮子、踩高跷，表演节目，老百姓在家门口就可以玩儿个痛快。而水泊梁山的英雄豪杰们，也正借着节日的气氛，借着人流的掩护，穿梭在大街小巷之间，准备火烧翠云楼，智取大名府呢。这正是小说出彩的地方，它不是架空历史，而是让你明白，所有的人物，哪怕是小说里虚构的人物，也得生活在具体的历史情境之下，这才有真实感。

说完"大街小巷"，大家对宋朝热闹的市井生活有了概念，那我们就可以再思考一下，"大街小巷"的近义词是什么呢？其实就是《水浒传》这段话里用到的另一个成语，叫六街三市。六街是哪六条街呢？它是指唐朝长安城三横三纵六条主要街道，后来泛指街道。三市呢？是指古代早晨、中午和傍晚的三次市场交易，后来就泛指市场。"六街三市"合到一块，意思就和"大街小巷"差不多，也是指城市的各个地方，只不过它更偏重形容热闹。

我们还拿《水浒传》举例子，林冲被逼上梁山的时候就说："以先在京师做教头，禁军中每日六街三市游玩吃酒，谁想今日被高俅这贼坑陷了我这一场，文了面，直断送到这里，闪得我有家难奔，有国难投，受此寂寞。"在这里，把"六街三市"换成"大街小巷"，意思也是一样，但是用"六街三市"，就显得更繁华、更热闹，也让我们实实在在感受到了北宋城市的繁荣。

既然说到热闹，就再补充一个知识吧。中国还有一个使用率很高的成语，叫万人空巷。"万人空巷"是什么意思呢？它是指所有的人都从自家的小巷子里跑出来了。跑出来干什么呢？参加庆典、狂欢这一类的公共活动。比如苏轼有一联诗写钱塘观潮，诗云："赖有明朝看潮在，万人空巷斗新妆。"明天大家都去看钱塘潮了，每个人都打扮得漂漂亮亮的，从家里出来，到钱塘江边争奇斗艳。这句诗正是"万人空巷"这个成语的来历。"万人空巷"是指人多、热闹，而不是指人少、冷清。比如我们可以说"龙舟赛的时候，万人空巷，都来给自己的队伍加油"，绝不能说"奥运会的时候，万人空巷，大家都守在电视机前看直播"。

1. 为什么是"大街小巷",而不是"小街大巷"呢?

2. "万人空巷"的来历是什么?

念念有词

念念有词这个成语的意思是连续不断地念叨，过去经常用来形容和尚念经，现在也指低声自言自语或者是含含糊糊地说个不停。小学语文课文里是这么用的："只见老师在他自己的办公桌上，玩着刚才收取的那竹节人。双手在抽屉里扯着线，嘴里念念有词，全神贯注，忘乎所以，一点儿也没注意到我们在偷看。"在这里，"念念有词"就是指自言自语。我们还可以说：眼看老师拿着卷子走了进来，小明赶紧双手合十，念念有词地说："考的都会，蒙的都对。"

这条成语出自明朝著名的神魔小说《西游记》第二十八回"花果山群妖聚义，黑松林三藏逢魔"。孙悟空因为打死白骨精，被唐僧赶走，回到花果山，看见山上一片凋零。原来他当齐天大圣的时候，手下有四万多只猴子，这时候只剩下一千多只猴子，而且面黄肌瘦，胆战心惊。为什么花果山的猴子减少了这么多呢？当然首先是因为孙悟空大闹天宫，连累了他这些"小的们"，被天兵天将杀了不少；再后来，天兵天将走了，剩下的猴子们又成了猎户的猎物，被抓了个七七八八。一听说连猎人都欺负他这帮徒子徒孙，孙悟空勃然大怒，于是"他就捻起诀来，念动咒语，向巽地上吸一口气，呼的吹将去，便是一阵狂风"。这就是"念念有词"的来历，指的就是孙悟空念咒语。

《西游记》里唐僧师徒取经，谁念经念咒最多？其实还真不是孙悟空，而是唐三藏。孙悟空平时伶牙俐齿，只有在施展法术，打妖精的时候才会念念有词。但唐僧可不一样，唐僧平常要念佛经吧？这自然是念念有词。另外，孙悟空打那些他看不出来的妖精，惹他生气的时候，要念紧箍咒吧？这也是念念有词。最要命的是，唐僧不仅念念有词地念紧箍咒，惩罚孙悟空，他还整天唠唠叨叨地教训孙悟空。唐僧的经典话术是什么？"出家人时时常要方便，念念不离善心，扫地恐伤蝼蚁命，爱惜飞蛾纱罩灯。你怎么步步行凶！打死这个无故平人，取将经来何用？你回去罢！"这些话说得对不对？平心而论并没什么错。唐僧也确实是个有慈悲心的好人，但是，他还是太唠叨了，现在有一个说法叫"碎碎念"，说的就是这种无休无止的唠叨。

那么，如果用一个成语来形容唐僧的这种讲话方式，应该是哪个成语呢？注意，这个成语不是"念念有词"，"念念有词"是形容像和尚念经那样小声念叨；也不是滔滔不绝，"滔滔不绝"是指说话像流水一样没有间断，形容人说话很有气势，口若悬河。最能形容唐僧唠叨的成语应该是喋喋不休。"喋喋不休"就是指说话没完没了，唠唠叨叨，是个贬义词。比如我们可以说：我知道这次考试考砸了，我也知道自己错在哪里了，你就不要再喋喋不休地批评我了好不好？

　　孙悟空打妖精"念念有词"，唐三藏教训人"喋喋不休"，那么，《西游记》中的第三号人物猪八戒，说话又是什么风格呢？我们刚才所说"念念有词""喋喋不休"，都是 aabc 式的成语，猪八戒的语言风格如果也用 aabc 式的成语形容，那就应该是振振有词。所谓"振振有词"，就是一副理由很充分的样子，说个不停。其实就是我们平时所说的"得理不让人，无理辩三分"。猪八戒不就是这个样子吗？他又馋又懒，又笨又滑，还爱挑拨离间。总之，经常犯错误。但是，每次犯错误，他都能找出理由来。就拿《西游记》第二十八回来说吧，孙悟空回了花果山，结果唐僧被黄袍怪掳走了，还被黄袍怪变成了老虎。沙僧功力不够，也被黄袍怪抓了起来，白龙马想去救他们，结果又打不过黄袍怪，自己还受了伤。这个时候，只有猪八戒还算有点儿本事，没想到他非但不想办法救人，反倒要撂挑子、分行李，回高老庄做女婿。白龙马责怪他太懒惰，猪八戒说："不懒惰便怎么？沙兄弟已被他拿住，我是战不过他，不趁此散伙，还等甚？"这就叫"振振有词"，无论如何，总能给自己的行为找出理由来。这样看来，"振振有词"也比较偏贬义。

唐三藏"喋喋不休"，孙悟空"念念有词"，猪八戒"振振有词"，沙和尚又如何呢？大家看《西游记》都知道，沙和尚是个老实人。有人总结说，1986年版的电视剧《西游记》里，沙和尚只有四句台词。第一句："大师兄，师父被妖怪抓走了！"第二句："二师兄，师父被妖怪抓走了！"第三句："大师兄，二师兄被妖怪抓走了！"第四句："大师兄，师父和二师兄被妖怪抓走了！"除此之外，沙和尚基本上很少说话。那如果还用这种 aabc 结构的成语，沙和尚的状态就叫默默无言，意思就是不声不响，沉默不语。

可能有人会说，沙和尚好歹还有几句话，白龙马才是真的默默无言呢。没错，准确地说，唐僧取经，并不是师徒四人，而是师徒五人，因为小白龙也是唐僧的徒弟，只不过化身为白龙马，给唐僧当脚力罢了。不过，别看白龙马平时基本不说话，但是真到紧急关头，他也会口吐人言。就比如跟黄袍怪斗争这几回吧，在唐僧和沙和尚都被黄袍怪抓起来的情况下，就是白龙马指点猪八戒，让他去花果山请回孙悟空，这才最终收服了黄袍怪，也算是在关键时刻发挥了作用。那么，白龙马这种平时不说话，一说话就语出惊人的性格特征，如果也用成语来表达，应该是哪个成语？这一次，我们找不到 aabc 式的成语了，但是，有一个八字成语非常贴切，这就是不鸣则已，一鸣惊人。

我们用成语讲了一遍《西游记》里几位主人公的性格。唐僧是

"喋喋不休"，猪八戒是"振振有词"，这基本都算是贬义词；孙悟空是"念念有词"，沙和尚是"默默无言"，这基本上算是中性词；白龙马是"不鸣则已，一鸣惊人"，这就是个褒义词了。其实，大家也可以试着用成语形容一下周围的亲朋好友，这就叫举一反三，是最好的学习方法。

温故而知新

1. "念念有词"的来历是什么?

2. 用成语形容一下《西游记》里几位主人公的性格。

万象更新

　　所谓"万象"就是万事万物，比如我们说包罗万象，那就是指包含万事万物。以此类推，万象更新的意思就是说，天地之间的一切景象都改换了老样子，出现了新气象。

　　这个成语怎么用呢？其实有个最常见的用处，就是写春联。中国有一个特别常用的四字春联，叫作"一元复始，万象更新"。意思是说，新的一年开始了，一切都显示出新气象来。这样的春联如果贴在大门上，会显得特别气派。小学语文课文里是这么用的："儿童们忙乱，大人们也紧张，他们需预备过年吃的使的喝的一切。他们也必须给儿童赶做新鞋新衣，好在新年时显出万象更新的气象。"这也是讲过年的事，是"万象更新"最常见的用法。不过，

"万象更新"不仅仅用来描述新年新气象，它还可以指人们除旧布新，迎来新时代或者新局面。比如我们可以说：改革开放让我们迎来了万象更新的好局面。

这个成语出自我们中国古典文学的巅峰之作《红楼梦》。大家都知道，《红楼梦》讲的是贾、史、王、薛四大家族从盛到衰的过程，也讲了大观园里一群贵族公子小姐的青春悲剧。因为讲的是贵族生活，主人公又是一群年轻的公子小姐，所以在四大名著里，《红楼梦》显得格外风雅。而说到风雅，在古代有一个非常重要的标志，那就是写诗。大观园的公子小姐都会写诗，所以，就由贾府的三小姐探春牵头，搞了一个诗社。

起诗社的时候正是秋天，秋海棠盛开，所以就取名海棠社。当时规定每个月都要开两社，也就是聚两次，作两次诗。一开始，这个诗社也曾热闹非凡，又写海棠诗，又写菊花诗，还写梅花诗，从秋天一直写到冬天。可是后来，因为各种杂七杂八的变故，诗社就慢慢冷清下来了，好长时间都没人作诗。直到再一次转过年来，林黛玉才又起了作诗的雅兴，写了一首《桃花行》。这就是书中的第七十回"林黛玉重建桃花社，史湘云偶填柳絮词"。原文是这么写的："只见湘云又打发翠缕来说：'请二爷快出去瞧好诗。'宝玉听了，忙问：'哪里的好诗？'翠缕笑道：'姑娘们都在沁芳亭上，你去了便知。'宝玉听了，忙梳洗了出来，果见黛玉、宝钗、湘云、宝琴、探春都在那里，手里拿着一篇诗看。见他来时，都笑说道：'这会子还不起来！咱们的诗社散了一年，也没有人作兴。如今正是初春时节，万物更新，正该鼓舞另立起来才好。'"

这就是"万象更新"的来历。只不过当年曹雪芹用的是"万物更新"。

我们一开始就说了，"万象"就是万物，所以后来，"万物更新"又改成了"万象更新"，成了一个成语。在小说里，"万物更新"也是指新的一年开始，让人萌发了新的希望。所以才引来了史湘云的感叹："一起诗社时是秋天，就不应发达。如今恰好万物逢春，皆主生盛。况这首桃花诗又好，就把海棠社改作桃花社。"那么，这个桃花社到底发达起来没有呢？看过书的同学应该知道，并没有。先是大家说古往今来写桃花的诗太多了，不好写。后来，又因为贾宝玉的父亲贾政要从外地的任上回家，宝玉怕父亲查问功课，赶紧天天学习，大家也就都没了诗兴。再到后来，史湘云偶然填了一首《柳絮词》，才又引起了大家的兴趣，终于又集体填了一回词。

可是，大家也都知道韩愈写的那首《晚春》："草木知春不久归，百般红紫斗芳菲。杨花榆荚无才思，惟解漫天作雪飞。"等到柳絮飘飞时，春天也就要过去了。这预示着什么？预示着大观园里这一群小儿女的青春也要过去了，甚至，连整个贾府也要走向没落了。"万象更新"终究成了南柯一梦，这就是《红楼梦》的大悲剧。

说完《红楼梦》，我们再说几个相关成语。"万象更新"的近义词是什么？一个是焕然一新，另一个是面貌一新。所谓"焕然一新",是指改变旧面貌,焕发新光彩。这个成语,《红楼梦》里也用到过。

《红楼梦》第五十三回讲贾府过年,是这么说的:"已到了腊月二十九日了,各色齐备,两府中都换了门神、联对、挂牌,新油了桃符,焕然一新。"比较一下《红楼梦》这两段文字,大家能不能明白"万象更新"和"焕然一新"的区别?简单来说,"万象更新"强调范围大,常常用来形容大环境或者大局面的改变。比如我们刚开始的时候举的那两个例子,"一元复始,万象更新",那就是大环境的变化。"改革开放让中国万象更新",那是指大局面的变化。而"焕然一新"则强调有光彩。因为"焕然"就是光彩焕发的样子,所以"焕然一新"就是指焕发出全新的光彩。比如我们可以说:重新装修之后,这房子立马就焕然一新了。当然我们也可以说:加上这画龙点睛的一笔,整篇文章焕然一新。

再看面貌一新。所谓"面貌一新",是指样子完全改变,有了崭新的面貌。比如我们可以说:房子装修之后,马上面貌一新。那看到这里,可能大家又会有疑问了,你刚刚讲"焕然一新",也是这么举例子的,难道"面貌一新"和"焕然一新"就没有区别了吗?当然有区别。"焕然一新"有一种闪亮登场的感觉,显得更加华丽。而"面貌一新"则显得更客观、更朴实,一般用在公文或者说明文之中。

我们之前说了,《红楼梦》是所有中国古典小说之中情趣最为高雅,语言也最为风雅的一部作品,所以,它会写"万象更新"，也会写"焕然一新"，但是，它不会用到"面目一新"。大家平时写文章的时候也可以想一想，什么样的文体，应该配什么样的词汇，既不要咬文嚼字、卖弄风雅，也不要言之无文、味同嚼蜡。

1. "万象更新" 出自哪里呢?

2. "万象更新" 的近义词是什么?

五颜六色

看到五颜六色这个成语，大家肯定会想，这也太简单了吧，谁不知道"五颜六色"就是各种各样的颜色？我们还可以用成语来解释，比如五彩缤纷、五彩斑斓等。"五颜六色"的确是花花绿绿、五彩斑斓的意思，我们平时很常用。但是知道和了解可还不是一回事儿。比如同样形容色彩，同样用到数字，还有一个成语叫五光十色，这两个成语区别在哪里？很多人就说不清楚了。

"五颜六色"和"五光十色"的区别到底在哪里呢？其实不妨先看看这两个成语的出处。"五颜六色"出自清代的一部小说《镜花缘》。我们之前跟大家分享了出自四大名著的成语。其实，除了四大名著，明清时期还有好多其他小说，比如《镜花缘》，就是一部优秀的长篇小说。它的作者叫李汝珍，生活年代比曹雪芹稍晚，和曹雪芹一样，也是个琴棋书画无所不能的才子。但是，清朝科举考八股文，而李汝珍瞧不起八股文，所以考试一直不顺利，一生也没当过什么官，到了中年以后，干脆就全心全意写小说了。他整整写了二十年，完成了《镜花缘》的创作。

《镜花缘》讲了什么呢？《镜花缘》一共一百回，分为两部分。前五十回主要讲述了一个名叫唐敖的秀才和他的两个朋友到海外游历的故事。当年，女皇武则天为了炫耀自己的威风，大冬天命令百花齐放。这本来是违反时令的事情，可是当时百花仙子不在洞府，众花神没法请示领导，只好按照武则天的命令开花了。结果，天帝震怒，把百花仙子和其他九十九位花神贬到人间。其中，百花仙子就托生成了唐敖的女儿。唐敖因为仕途不顺，干脆就跟两个朋友到海外游历，一路上大开眼界，见到了一系列海外国家。什么国家呢？可不是英国、美国、法国，而是女儿国、君子国、无肠国等神奇的国度，还在各个国家认识了一系列才女，她们其实就是被贬的花神。后五十回中，武则天开科举，让女子也报名参加，于是这一百位才女大展才华，建功立业。很明显，《镜花缘》既是一部有趣的幻想小说，也是一部讲女权的小说，按照鲁迅先生的说法，是一部"万宝全书"。

"五颜六色"这个成语跟这本书之间有什么关系呢？《镜花缘》第十四回说："惟各人所登之云，五颜六色，其形不一。"人怎么还能登在云上呢？这其实是在描述唐敖在大人国里看到的情景。大人国的人长得都很大，他们不用走路，而是腾云驾雾。每个人脚下都像孙悟空那样驾着云彩。但是，孙悟空脚下的云彩就是普通云彩，大人国可不一样。人们脚下云彩的颜色是根据人的品行来的，品行不好，就是黑云或灰云，品行好就是五彩祥云，所以唐敖他们在街上，才会看见五颜六色的云彩。这是个很神奇的故事吧？

再看"五光十色"。"五光十色"出自南朝文人江淹的《丽色赋》："有一个美人，通身上下，'五光徘徊，十色陆离'。"这就是"五光十色"最早的出处。可能有人不明白，美人怎么会五光十色呢？这其实不是形容美人本人，而是形容美人的衣服。这样看来，"五光十色"和"五颜六色"都有色彩丰富的意思，但是，"五颜六色"就是形容色彩繁多，所以经常形容花朵。比如我们可以说：门前开着一大片五颜六色的鲜花。而"五光十色"呢，不仅指色彩繁多，而且还强调闪闪发光，所以经常用来形容灯光、珠宝、丝绸一类东西。小学语文课文里说："到了秋季，葡萄一大串一大串地挂在绿叶底下，有红的、白的、紫的，暗红的、淡绿的，五光十色，美丽极了。"大家都知道，葡萄在阳光下会闪光，所以用"五光十色"来形容就非常贴切。

一个发光，一个不发光，这只是"五颜六色"和"五光十色"的一个区别。还有一个区别："五光十色"不但可以形容颜色，还可以形容纷繁复杂的社会现象；而"五颜六色"就是单纯形容颜色。比如我们可以说：自然是五颜六色的，而社会是五光十色的，希望你们能爱上五颜六色，看懂五光十色，但是，还要永葆内心的洁白无瑕。

大家有没有发现，我们中国的诗词也好，成语也好，经常用到数字，比如邵雍的《山村咏怀》："一去二三里，烟村四五家。亭台六七座，八九十枝花。"整首诗一共才二十个字，居然就有十个数字，多么有趣呀！

再看成语中的数字。带数字的成语可多了，从一心一意到百发百中，真是不胜枚举。我们就说"五"和"六""五"和"十"这两个组合吧。五和六组合，除了有"五颜六色"，还有五脏六腑，就是指人体内脏。比如我们可以说：这场车祸，让他的五脏六腑都受了伤。另外，"五脏六腑"除了表示内脏，也用来比喻事物的内部情况。我们可以说：张校长在我们学校工作三十年了，对学校的五脏六腑都清清楚楚。"五"和"十"搭配，除了"五光十色"，还有一个成语也很常用，叫五风十雨，意思就是五天刮一次风，十天下一场雨，形容风调雨顺。比如我们可以说：我的家乡今年五风十雨，丰收在望。

到此为止，《顺着历史学成语》的三十篇就学完了。"五光十色"的世界正在每个人面前徐徐展开。这个世界里有引人入胜的"名山大川"，有"鸡犬相闻"的乡村，也有"车水马龙"的城市，这个美丽的世界，真是"百闻不如一见"。年轻的朋友们一定"摩拳擦掌"，想要快点登上时代的舞台了吧？不急不急，大家此刻还要吃点"囊萤映雪"的苦，长大后才有"胸有成竹"的甜，你的世界才能"五风十雨"，一帆风顺。希望各位朋友能够饱览"满园春色"，享受"秋高气爽"，在人生中留下一个又一个的"点睛之笔"。

在本书的结尾，祝愿所有的朋友"有志者，事竟成"。

1. "五颜六色" 和 "五光十色" 的区别到底在哪里呢?

2.《镜花缘》讲了什么呢?

3. 你知道哪些带数字的成语呢?